Astrología y relaciones

*La guía definitiva sobre la compatibilidad
de los signos del zodiaco*

© Copyright 2024

Todos los derechos reservados. Ninguna parte de este libro puede ser reproducida de ninguna forma sin el permiso escrito del autor. Los revisores pueden citar breves pasajes en las reseñas.

Descargo de responsabilidad: Ninguna parte de esta publicación puede ser reproducida o transmitida de ninguna forma o por ningún medio, mecánico o electrónico, incluyendo fotocopias o grabaciones, o por ningún sistema de almacenamiento y recuperación de información, o transmitida por correo electrónico sin permiso escrito del editor.

Si bien se ha hecho todo lo posible por verificar la información proporcionada en esta publicación, ni el autor ni el editor asumen responsabilidad alguna por los errores, omisiones o interpretaciones contrarias al tema aquí tratado.

Este libro es solo para fines de entretenimiento. Las opiniones expresadas son únicamente las del autor y no deben tomarse como instrucciones u órdenes de expertos. El lector es responsable de sus propias acciones.

La adhesión a todas las leyes y regulaciones aplicables, incluyendo las leyes internacionales, federales, estatales y locales que rigen la concesión de licencias profesionales, las prácticas comerciales, la publicidad y todos los demás aspectos de la realización de negocios en los EE. UU., Canadá, Reino Unido o cualquier otra jurisdicción es responsabilidad exclusiva del comprador o del lector.

Ni el autor ni el editor asumen responsabilidad alguna en nombre del comprador o lector de estos materiales. Cualquier desaire percibido de cualquier individuo u organización es puramente involuntario.

Su regalo gratuito

¡Gracias por descargar este libro! Si desea aprender más acerca de varios temas de espiritualidad, entonces únase a la comunidad de Mari Silva y obtenga el MP3 de meditación guiada para despertar su tercer ojo. Este MP3 de meditación guiada está diseñado para abrir y fortalecer el tercer ojo para que pueda experimentar un estado superior de conciencia.

https://livetolearn.lpages.co/mari-silva-third-eye-meditation-mp3-spanish/

¡O escanee el código QR!

Índice de contenidos

INTRODUCCIÓN 1
CAPÍTULO 1: ¿QUÉ ES LA COMPATIBILIDAD ASTROLÓGICA?............... 3
CAPÍTULO 2: ES MÁS QUE SU SIGNO SOLAR 14
CAPÍTULO 3: LOS PLANETAS Y LAS CASAS TAMBIÉN IMPORTAN........ 25
CAPÍTULO 4: PROFUNDIZANDO A TRAVÉS DE LAS CARTAS SINASTRALES... 37
CAPÍTULO 5: ARIES Y TAURO 50
CAPÍTULO 6: GÉMINIS Y CÁNCER 62
CAPÍTULO 7: LEO Y VIRGO 74
CAPÍTULO 8: LIBRA Y ESCORPIO 87
CAPÍTULO 9: SAGITARIO Y CAPRICORNIO 101
CAPÍTULO 10: ACUARIO Y PISCIS 113
CONCLUSIÓN 126
VEA MÁS LIBROS ESCRITOS POR MARI SILVA 128
SU REGALO GRATUITO 129
REFERENCIAS... 130

Introducción

¿Está buscando una guía completa para entender la astrología en las relaciones? ¿Quiere entender cómo utilizar los signos del zodiaco y la compatibilidad en su vida? No busque más: *Astrología y relaciones - La guía definitiva sobre la compatibilidad de los signos del zodiaco*.

Este libro combina los últimos descubrimientos sobre compatibilidades astrológicas y conceptos probados a lo largo del tiempo relacionados con los signos solares, los planetas y las casas. También proporciona instrucciones fáciles de seguir para crear cartas de sinastría. Con este libro, los lectores podrán comprender mejor los signos del zodiaco en las relaciones y aplicar ese conocimiento en sus vidas.

Su amplia cobertura de temas hace que *Astrología y relaciones - La guía definitiva sobre la compatibilidad de los signos del zodiaco* destaque. Proporciona información detallada sobre todos los aspectos de la astrología y la compatibilidad para que los lectores puedan comprender lo que ofrecen los signos del zodiaco. El estilo claro y conciso del libro permite a los principiantes comprender el contenido sin sentirse abrumados o confundidos.

Este libro ofrece a los lectores una guía completa para comprender la compatibilidad astrológica. Explica cómo los diferentes aspectos de nuestras cartas natales, desde los planetas hasta los signos solares, las casas y la sinastría, afectan a nuestras relaciones románticas. Utiliza un lenguaje fácil de entender combinado con instrucciones claras para que incluso los principiantes puedan comprender fácilmente los conceptos. A diferencia de muchos otros libros del mercado que se limitan a presentar información teórica sin soluciones tangibles, este libro va más allá de lo básico. Proporciona métodos prácticos para ayudarle a comprender las relaciones desde una perspectiva astrológica.

Este libro le enseñará los fundamentos de la astrología y la compatibilidad de los signos del zodiaco y le ayudará a aplicar esos conocimientos de forma práctica. Aprenderá a leer su carta astral y las de sus amigos o parejas para obtener información sobre sí mismo y sus relaciones. Exploraremos los distintos componentes de la astrología, como los planetas, las casas y la sinastría, y cómo interactúan para formar poderosas conexiones entre dos personas. Además, discutiremos consejos para fortalecer las relaciones a través de la comprensión de las influencias astrológicas.

El libro ofrece consejos prácticos y técnicas para los lectores que deseen profundizar en el tema. Incluye cómo interpretar las cartas de sinastría, cómo se influyen mutuamente los planetas en las relaciones y mucho más. Esta guía ofrece a los lectores una visión privilegiada de la astrología y sus implicaciones en sus relaciones.

Astrología y relaciones - La guía definitiva sobre la compatibilidad entre los signos del zodíaco es una obra imprescindible para todo aquel que desee profundizar en el conocimiento de la astrología en las relaciones. Gracias a su exhaustiva visión, a la claridad de su redacción y a sus consejos prácticos, los lectores lo aprenderán todo sobre los signos del zodiaco y la compatibilidad. Así que no espere más. Compre este libro hoy mismo y comience su viaje hacia la comprensión de los misterios de la astrología.

Capítulo 1: ¿Qué es la compatibilidad astrológica?

A menudo hay mucha confusión sobre lo que significa: compatibilidad astrológica y sinastría. Pero la buena noticia es que este capítulo aclara cómo la astrología, la compatibilidad y la sinastría pueden ayudarle en la vida. Basándose en la sabiduría colectiva de la astrología, este capítulo profundiza en el concepto de las relaciones y la armonía cósmicas. Explora los muchos beneficios de observar su relación a través de una lente astrológica. Con este conocimiento, podrá conocerse mejor a sí mismo y comprender mejor a su pareja con un entendimiento más profundo.

Es importante aprender sobre la compatibilidad para comprender mejor sus relaciones
https://unsplash.com/photos/EdULZpOKsUE

¿Qué es la astrología?

La astrología es una antigua forma de adivinación que utiliza la alineación de las estrellas, los planetas y otros cuerpos celestes para interpretar su influencia en los seres humanos. Se ha utilizado durante miles de años en muchas culturas de todo el mundo para predecir el futuro y conocer la personalidad y el destino de las personas. La astrología utiliza el movimiento de los cuerpos celestes para comprender la vida humana. Los astrólogos creen que estos movimientos pueden predecir acontecimientos futuros y rasgos de personalidad basados en la carta astral de una persona. Creen que la posición de los planetas en el momento del nacimiento afecta directamente al destino de una persona.

La historia de la astrología se remonta al año 6000 a. C., cuando la practicaban civilizaciones primitivas como la babilónica, la china, la griega y la egipcia. Estas primeras culturas creían que los acontecimientos celestes tenían una correlación directa con los asuntos humanos en la Tierra, lo que les permitía predecir e interpretar la influencia de las estrellas y los planetas en los acontecimientos humanos.

Los métodos astrológicos varían de una cultura a otra, pero todos estudian la posición de los cuerpos celestes en un momento determinado. Para sus cálculos, los astrólogos utilizan diversas herramientas, como mapas estelares, astrolabios, almanaques y efemérides. También utilizan una rama de la astronomía conocida como astrología horoscópica, que se centra en predecir el futuro basándose en la carta natal de un individuo.

La astrología se divide principalmente en tres ramas: astrología natal, astrología mundana y astrología electiva. La astrología natal se centra en analizar la fecha de nacimiento o natividad. La astrología mundana analiza las posiciones planetarias en relación con fenómenos a gran escala, como catástrofes naturales o cambios en la economía, y cómo afectan a la vida de las personas. La astrología electiva (también conocida como *astrología de eventos*) se ocupa de hacer predicciones analizando los posibles resultados de ciertas actividades relacionadas con determinadas posiciones y alineaciones planetarias.

Los astrólogos analizan las posiciones de los planetas mediante un círculo dividido en 12 casas. Cada casa está asociada a un área o aspecto concreto de la vida de una persona, como el amor, la carrera, la familia, la riqueza, etc. A partir de este análisis, los astrólogos pueden predecir el futuro de una persona basándose en su carta astral. Estas predicciones suelen adoptar diversas formas, desde acontecimientos importantes a otros más mundanos, y se utilizan como guía para quienes desean decidir sobre su trayectoria vital.

Gracias a su práctica secular, la astrología se ha convertido en una poderosa herramienta para comprender las complejidades de la experiencia humana. Algunos creen que ofrece una visión de nuestras vidas y de las de los demás, y nos guía en la toma de decisiones y la consecución del éxito. La astrología es una parte importante de muchas culturas y ayuda a unir a personas de toda condición. Veamos algunas corrientes astrológicas destacadas en todo el mundo:

Astrología védica

Las lecturas de compatibilidad en astrología védica determinan la compatibilidad kármica entre dos personas. Este examen examina las cartas natales de ambos individuos e identifica las áreas de armonía y en las que podrían chocar o navegar juntos a través de los desafíos. Una lectura de compatibilidad tiene como objetivo proporcionar una visión de cómo estas dos personas pueden unirse como socios y construir una relación fuerte y duradera.

El factor más importante a tener en cuenta durante una lectura de compatibilidad es la colocación de los planetas en la carta natal de cada individuo. En la astrología védica, ciertas combinaciones planetarias pueden traer resultados positivos o negativos en las relaciones kármicas. Planetas como Marte, Venus, Júpiter y la Luna son importantes en las lecturas de compatibilidad, ya que su colocación influye en si dos personas tienen una relación armoniosa o tumultuosa.

Además de examinar las colocaciones planetarias, la astrología védica examina la carta natal general de cada persona y evalúa sus energías. Ashtakoota es un sistema para determinar la compatibilidad general entre dos personas basado en ocho criterios diferentes: Varna (estatus social), vashya (dominancia), tara (longevidad del matrimonio), yoni (química sexual), graha maitri (conexión mental), gana (tipo de personalidad), bhakoota (vínculo emocional) y nadi (conexión espiritual). Se asigna una puntuación a cada criterio; en base a esta puntuación, se da una lectura de compatibilidad.

Por último, la astrología védica también examina los lazos kármicos específicos entre dos individuos, lo que permite comprender mejor su relación. Este análisis puede revelar cómo han interactuado ambas personas en vidas pasadas y qué energías podrían aportar a su relación actual. También puede identificar las áreas en las que una persona puede tener que esforzarse por superar obstáculos o retos para que la relación tenga éxito.

Astrología china

Las lecturas de compatibilidad de la astrología china determinan el mejor potencial para una relación. Al comparar las cartas natales de dos personas, se obtiene información sobre su compatibilidad. Una lectura de compatibilidad tendrá en cuenta factores como los elementos de los que está compuesta cada persona, la teoría de los cinco elementos y el yin y el yang. Estos aspectos astrológicos son importantes para determinar si dos personas serán compatibles.

Los signos del zodiaco chino
RootOfAllLight, CC BY-SA 4.0 <https://creativecommons.org/licenses/by-sa/4.0>, via Wikimedia Commons https://commons.wikimedia.org/wiki/File:Chinese_Zodiac.png

Los elementos utilizados para definir el carácter de una persona en la astrología china son el fuego, la tierra, el metal, el agua y la madera, cada uno con sus propias cualidades que influyen en la forma en que una persona se comporta e interactúa con los demás. Utilizando esta información, un astrólogo puede predecir cómo se relacionará una persona con su pareja.

La teoría de los cinco elementos también se utiliza en las lecturas de compatibilidad y se centra en la relación entre los cinco elementos. Esta teoría afirma que todos los elementos están conectados y se afectan mutuamente, influyendo en última instancia en el éxito o el fracaso de las relaciones. Si dos personas poseen elementos similares, serán más compatibles que aquellas con elementos diferentes.

El yin y el yang representan fuerzas opuestas en la astrología china. El yin representa la feminidad, la pasividad y la receptividad, mientras que el yang caracteriza la masculinidad, la actividad y la asertividad. Para que dos personas sean compatibles, deben equilibrar sus energías yin y yang. Si uno de los miembros de la pareja tiene demasiado de una u otra energía, puede producirse desarmonía en la relación.

Las lecturas de compatibilidad son una parte importante de la astrología china y pueden ayudar a quienes buscan el amor a comprender su compatibilidad potencial con otra persona. Si se tienen en cuenta los elementos, la teoría de los cinco elementos y las energías yin y yang de dos personas, se puede saber si son compatibles en una relación. Por lo tanto, tener en cuenta estos factores a la hora de decidir iniciar una relación es crucial.

Astrología occidental

Las lecturas de compatibilidad de la astrología occidental permiten comprender cómo se relacionan dos personas. Esta lectura examina las posiciones de los planetas en las cartas natales de ambas personas y las compara para determinar la compatibilidad. Las lecturas de compatibilidad se basan en numerosos factores, como los aspectos, la posición de las casas, la posición de los signos y los regentes. También se tienen en cuenta otros aspectos, como el momento, la edad y los acontecimientos vitales que influyen en la carta natal de cada individuo.

Una lectura de compatibilidad pretende descubrir cómo interactuarán dos personas basándose en sus cartas natales. Proporciona información sobre las áreas en las que deben trabajar juntos o por separado para mantener una relación satisfactoria. La comparación de las cartas natales evalúa el potencial de éxito de una relación o asociación empresarial.

El aspecto más importante de las lecturas de compatibilidad es observar cómo afectan los planetas de la carta astral de cada persona a la dinámica de su relación. Esto incluye observar qué signos y elementos son compatibles y los aspectos entre los planetas, como conjunciones, cuadraturas, trígonos y oposiciones. También es importante tener en cuenta cómo interactúan los planetas entre sí cuando están próximos.

Otro factor que debe tenerse en cuenta en las lecturas de compatibilidad es el tiempo. Si las cartas natales de dos personas muestran colocaciones planetarias similares, pero con diferentes marcas temporales, esto podría afectar al resultado global de la lectura de compatibilidad. Por ejemplo, si una persona tiene una carta natal con una posición prominente de Marte y la carta natal de la otra no tiene una posición tan fuerte, podría significar que su relación no es tan estable debido a la diferencia de tiempo.

¿Qué es la compatibilidad?

La compatibilidad describe la capacidad de dos o más elementos, personas, ideas o situaciones para funcionar bien juntos. Suele significar que pueden interactuar con éxito y complementarse. Por ejemplo, la compatibilidad entre los componentes de hardware y software de un ordenador les permite funcionar juntos correctamente. La compatibilidad en las relaciones se refiere a la capacidad de dos personas para trabajar juntas en armonía y llevarse bien a pesar de sus diferencias. Implica tener valores, creencias, actitudes y objetivos similares, así como una comprensión y aprecio mutuos. La compatibilidad es esencial para el éxito de las relaciones duraderas y para establecer vínculos sólidos entre dos personas.

La compatibilidad astrológica describe la relación entre dos personas basándose en sus signos solares en astrología. La compatibilidad entre las cartas natales de dos individuos puede evaluarse examinando los aspectos entre los planetas de una carta a otra y una armonía general de energías en ambas cartas. La carta natal de un individuo está diseñada para revelar sus rasgos de personalidad, y cada signo tiene una energía diferente que podría ser compatible con otros signos. La compatibilidad astrológica permite que dos personas comprendan mejor las necesidades y diferencias de la otra y crea una relación armoniosa. No garantiza una relación perfecta, pero da a las parejas la oportunidad de trabajar juntas de forma constructiva en los problemas que surjan.

Teoría de Carl Jung sobre la compatibilidad astrológica

El estudio de Carl Jung sobre la compatibilidad astrológica comenzó cuando observó una alta frecuencia de relaciones entre personas nacidas bajo signos zodiacales similares. Recopiló datos de aproximadamente doscientas parejas, comparando la composición psicológica y las correspondencias de sus cartas natales.

Descubrió que las parejas nacidas bajo signos compatibles tenían relaciones más armoniosas que las de signos incompatibles. Llegó a la conclusión de que la astrología podía servir para comprender la dinámica de las relaciones interpersonales.

Jung desarrolló su teoría de la sincronicidad, según la cual ciertos acontecimientos pueden estar relacionados por el significado o las circunstancias más que por la causa y el efecto. Teorizó que las coincidencias significativas podrían ser la prueba de un orden subyacente que conecta todos los aspectos de la vida, incluida la astrología. Significa que los patrones de compatibilidad astrológica pueden reflejar una conexión espiritual más profunda entre dos personas.

El trabajo de Jung ha sido estudiado desde entonces por muchos investigadores y sigue siendo una parte importante de la astrología moderna. Su teoría de la sincronicidad sigue inspirando a las personas que buscan comprender mejor la relación entre ellas y sus parejas. Al estudiar la investigación de Jung sobre la compatibilidad astrológica, podemos comprender cómo las fuerzas universales afectan a nuestras vidas y relaciones.

El estudio de Jung sobre la compatibilidad astrológica ha demostrado ser una valiosa herramienta para comprender nuestras relaciones con quienes nos rodean y conectar con un significado más profundo de la vida. Al explorar sus hallazgos, descubrimos cómo nuestras cartas natales reflejan las energías que se entretejen a través de todos los aspectos de la existencia.

Esta investigación es un ejemplo de cómo la obra de Carl Jung ha contribuido a la comprensión psicológica moderna. Sigue proporcionando una base esencial para el estudio de la relación entre los seres humanos y el universo. Su teoría de la sincronicidad es un importante recordatorio de que existen patrones significativos en nuestras vidas y relaciones que nos conectan más profundamente de lo que antes creíamos posible.

Concepto de sinastría

La sinastría compara dos cartas natales, u horóscopos, para determinar el grado de compatibilidad entre dos personas. Consiste en observar los aspectos entre una carta y otra para ver cómo interactúan y cómo pueden influir en la relación. La sinastría es una poderosa herramienta que ayuda a comprender por qué alguien se comporta de determinada manera e indica las áreas en las que serán más compatibles entre sí.

El objetivo principal de la sinastría es identificar y resaltar las áreas de compatibilidad y el potencial de crecimiento de cada individuo en una relación. Los distintos aspectos tienen significados diferentes en la sinastría. Algunas indican fuertes sentimientos de amor, mientras que otras apuntan a tiempos más difíciles. Observar de cerca la interacción entre las dos cartas explica cómo se llevarán las dos personas en su relación y qué deben hacer para que esta tenga éxito.

La sinastría se centra en comparar los planetas y sus posiciones relativas y comprender cómo afectan estas combinaciones a las relaciones. Los planetas representan diferentes energías y, cuando se colocan en aspectos armoniosos o disonantes entre sí, crean influencias positivas o negativas en la relación. La sinastría examina las diferencias entre las cartas astrales para ver qué puede ofrecer cada persona a la otra. Por ejemplo, supongamos que una persona tiene un aspecto Marte-Júpiter fuerte en su carta y otra tiene un aspecto Venus-Neptuno débil. En ese caso, esto podría indicar una dinámica de poder en la que uno es más fuerte que el otro. Del mismo modo, supongamos que dos personas tienen signos de Venus similares. En ese caso, es más probable que compartan amor y afecto.

Al interpretar la sinastría, es imprescindible tener en cuenta todos los aspectos y energías de ambas cartas y cómo interactúan entre sí. Le ayudará a saber por qué ciertos aspectos de su relación funcionan y otros no. Proporciona información valiosa para alimentar una relación y garantizar su longevidad. Sin embargo, la sinastría no es una ciencia exacta y no debe utilizarse como única base para tomar decisiones importantes. Por el contrario, debería utilizarse como una de varias herramientas a la hora de considerar las relaciones.

En general, la sinastría puede ser útil para comprender por qué las cosas suceden como suceden en una relación. Puede ayudar a identificar posibles problemas y recomendar formas de resolverlos juntos. La sinastría puede ayudarles a comprender las necesidades y deseos del otro para crear una conexión más armoniosa entre ambos. Con este conocimiento, puede asegurarse de que su relación continúe prosperando en el respeto mutuo y la comprensión durante años.

Beneficios del uso de la astrología

1. **Ejercitar la empatía:** La astrología es una herramienta excelente para empatizar con las personas. Le permite comprender sus necesidades internas y sus perspectivas sobre la vida, que a menudo son difíciles de entender sin una comprensión más profunda de los principios astrológicos. Ayuda a guiar las conversaciones hacia resultados más positivos y crea mejores relaciones, tanto platónicas como románticas.

2. **Fortalece las relaciones:** Al conocer la carta astral de alguien, descubre cómo interactúa con los demás en diferentes contextos o situaciones. Con este conocimiento, puede comprender mejor sus motivaciones y la mejor manera de abordarlas en la resolución de conflictos o el fortalecimiento del vínculo entre dos personas.

3. **Evitar tensiones:** Conocer las tendencias y motivaciones de las personas de su círculo social puede ayudarle a evitar posibles tensiones. Por ejemplo, alguien con una fuerte influencia de Marte en su carta natal podría actuar impulsivamente o ser demasiado asertivo; entender esto de antemano le ayudará a manejar las conversaciones para evitar malentendidos o desacuerdos.

4. **Hacer planes a futuro:** La astrología es útil para hacer planes de futuro. Al observar la carta astral de dos personas, se puede comprender su compatibilidad a largo plazo. Ayuda a crear expectativas realistas y a comprender las áreas que necesitan más atención. Además, la astrología proporciona valiosos consejos sobre el momento oportuno y las acciones que serían beneficiosas.

5. **Descubrir caminos ocultos:** A veces, la astrología puede llevar a descubrir nuevos caminos. Al observar las cartas astrales de dos personas y comprender la dinámica subyacente de su relación, es posible descubrir patrones o rasgos subyacentes que podrían explorarse más a fondo y, en última instancia, conducir a una conexión más satisfactoria entre ellos.

6. **Mejorar la comunicación:** La comunicación es esencial para cualquier relación exitosa, y la astrología ayuda a señalar las áreas en las que la comunicación debe ser mejorada o fortalecida. Por ejemplo, si alguien tiene una fuerte influencia de Saturno en su carta natal, puede que se ciña a normas rígidas y sea menos propenso a escuchar las opiniones de los demás. Comprender esto de antemano le permite ajustar su enfoque y comunicarse con mayor eficacia.

7. **Sanar viejas heridas:** La astrología puede curar viejas heridas o resentimientos, ya que permite comprender la dinámica de una relación concreta. Con esta comprensión, las personas pueden hacer las paces y avanzar con mayor confianza y comprensión.

8. **Comprender las limitaciones:** Saber qué áreas son difíciles para que dos personas conecten puede ser útil para entender las limitaciones de cada uno y ayudarles a construir mejores relaciones. Al conocer su compatibilidad astrológica (o la falta de ella), pueden ajustar las expectativas en consecuencia, haciendo que satisfacer las necesidades del otro sea más fácil sin comprometer los sentimientos o principios de ninguna de las partes.

9. **Orientar:** Por último, la astrología puede ser útil para orientar a los demás. Identificar posibles escollos o áreas de crecimiento en una relación proporciona consejos y ánimos para ayudar a fortalecer el vínculo entre dos personas, mejorar la comunicación y fomentar el entendimiento mutuo. De este modo, la astrología tiene un valor incalculable para las parejas que buscan construir una conexión duradera.

Independientemente de sus creencias, la astrología es una práctica ancestral que ha servido de guía a lo largo de la historia y que debe respetarse y comprenderse en lugar de desestimarse o ridiculizarse. Aunque implica predicciones, su principal objetivo es proporcionar una visión del interior de la persona y de sus posibles caminos, permitiéndole avanzar hacia su destino final con mayor claridad y confianza. El poder de la astrología reside en su capacidad de aportar comprensión y claridad a quienes la buscan. Mirando al cielo y dejándose guiar por él, uno puede hacerse una idea de su vida y de los posibles caminos que podrían conducirle hacia un futuro mejor. La astrología es, en última instancia, una exploración de nuestro interior, que tiene el potencial de revelarnos más de lo que jamás creímos posible.

Capítulo 2: Es más que su signo solar

Navegar por los diferentes aspectos de la astrología puede resultar confuso e intimidante. Afortunadamente, comprender toda la interconectividad y complejidad que hay detrás de su signo solar, lunar, ascendente y descendente es posible con este capítulo. La combinación de las percepciones de estos doce signos zodiacales ayuda a crear una imagen global de nosotros mismos y de nuestro perfil astrológico único. Con este análisis exhaustivo de los distintos signos, se obtiene una valiosa perspectiva de quiénes somos y qué nos depara la vida. A través de este capítulo, descubriremos cómo los 12 signos del zodíaco interactúan entre sí para descifrar conocimientos sobre nosotros mismos, entablar relaciones y comprender las situaciones con mayor claridad.

Su signo solar también se conoce como su signo zodiacal o estelar
https://unsplash.com/photos/m4-7DngV2Yo

Signo solar

El signo solar, también conocido como signo solar o signo zodiacal, es un signo astrológico que representa la posición del sol en relación con las estrellas. Se calcula en función de la posición del Sol en el momento del nacimiento y determina los rasgos y características de la personalidad. Dependiendo del signo bajo el que haya nacido, su vida se verá influenciada por sus cualidades.

Cada signo solar en astrología tiene asociadas ciertas características únicas. Por ejemplo, Aries se asocia con la audacia, el valor y la impulsividad. Piscis se asocia con la dulzura, la simpatía y la intuición. A cada signo solar se le atribuyen distintos elementos, como el fuego (Aries), la tierra (Tauro), el aire (Géminis) o el agua (Cáncer). Estos elementos afectan a su forma de ver e interactuar con el mundo.

Para determinar su signo solar, compruebe el intervalo de fechas en las que nació. Cada signo tiene un intervalo de fechas diferente que abarca aproximadamente un mes del año. Por ejemplo, si nació entre el 21 de marzo y el 19 de abril, su signo solar es Aries. Una vez que haya determinado su signo solar, investigue sus características asociadas para conocer mejor quién es usted y cómo podría interactuar con las personas y las situaciones a lo largo de su vida.

Su signo solar es solo una parte de la astrología. Otros factores, como los signos lunares, los signos ascendentes, los planetas y las casas, le ayudarán a comprender mejor su personalidad y su trayectoria vital. Los signos solares proporcionan una visión general básica de su personalidad. Sin embargo, es importante recordar que la astrología es mucho más compleja que su signo solar.

Conocer y comprender su signo solar puede ser una poderosa herramienta que le ayude a dar sentido al mundo que le rodea y a adquirir un mayor autoconocimiento sobre sí mismo. También es interesante saber cómo interactúan los demás con usted en función de sus signos zodiacales. Comprender su signo solar es un gran punto de partida para seguir explorando el fascinante mundo de la astrología.

Signo lunar

El signo lunar es un concepto astrológico que hace referencia al signo zodiacal en el que se encontraba la luna en el momento de su nacimiento. Se puede calcular a partir de la fecha y el lugar de nacimiento y proporciona información sobre la vida emocional, el estado mental, la intuición y el viaje espiritual.

Para calcular su signo lunar debe utilizar una efeméride. Una efeméride es una fuente de datos de referencia que proporciona las posiciones exactas del Sol, la Luna y los planetas en relación con la Tierra. Para calcular su signo lunar, debe tener en cuenta la hora y el lugar de su nacimiento, ya que la distancia de cada signo zodiacal a la Tierra es diferente. La Luna aparece en una posición ligeramente diferente con respecto a nuestro planeta, dependiendo de dónde haya nacido usted. En consecuencia, esto influye en el signo zodiacal que se atribuye a su signo lunar. Esta información permite buscar la posición de la Luna en relación con cada signo zodiacal en un día determinado. Incluso puede encontrar herramientas en línea fáciles de usar que calcularán su signo lunar.

Su signo lunar puede proporcionarle información sobre su forma de expresarse, sus sentimientos internos y sus necesidades emocionales.

Su signo lunar revela cómo conecta con los demás, su relación con la familia y la comodidad del hogar y las relaciones cercanas. La Luna está asociada a nuestras emociones más íntimas, por lo que su signo lunar nos da una idea de su forma de relacionarse y de las personas que más le atraen. También revela qué áreas de la vida necesitan atención, como la comunicación o los problemas de apego emocional.

Su signo lunar puede ofrecerle una idea de cómo funciona su mente, qué le motiva y cómo maneja el estrés. También es un indicador importante de su potencial profesional y del trabajo que más le conviene.

Además, su signo lunar puede revelar pistas sobre influencias y patrones de vidas pasadas que podrían perseguirle en la actualidad. Esto podría incluir traumas infantiles no resueltos o problemas de pareja, que salen a la superficie más adelante en la vida.

La Luna se asocia a menudo con la feminidad, la crianza, la creatividad y la intuición, cualidades que pueden apreciarse a través de la comprensión de su signo lunar.

Las personas descubren que tienen una conexión más profunda con su signo solar (el signo zodiacal correspondiente a la fecha de nacimiento) o que, por el contrario, se identifican más con su signo lunar, sobre todo si han experimentado dificultades importantes que han alterado quiénes son.

El signo lunar es una poderosa herramienta para comprendernos a nosotros mismos y a los demás, y puede proporcionarnos una valiosa información sobre nuestra estructura emocional. Puede ayudarnos a identificar patrones o problemas que de otro modo quedarían ocultos, permitiéndonos comprender quiénes somos y por qué hacemos lo que hacemos. Comprender su signo lunar le permite conectar más profundamente con usted mismo y con los que le rodean, desbloqueando todo un nuevo nivel de potencial. Con esta mayor conciencia, creará relaciones más sólidas y éxito en el camino que haya elegido.

Signo ascendente

El signo ascendente es uno de los elementos más importantes de la carta natal de una persona. Es un indicador de cómo los demás perciben a una persona y de su visión general de la vida. Para comprender lo que representa el signo ascendente y calcularlo correctamente, primero debemos adentrarnos en la astrología.

La astrología es una antigua práctica que relaciona el comportamiento humano, los acontecimientos y los fenómenos naturales con cuerpos celestes como los planetas, las estrellas y las constelaciones. Los astrólogos creen que nuestras vidas están determinadas por las energías cósmicas que emanan de estos objetos del cielo y por cómo interactúan entre sí.

Cada objeto corresponde o "rige" ciertos signos del zodíaco, que, a su vez, corresponden a partes de nuestra vida como la familia, la carrera, la vida amorosa, etc.

El signo ascendente es el signo zodiacal que se elevaba en el horizonte oriental en el momento del nacimiento de una persona. Marca la pauta de cómo los demás perciben a un individuo y su actitud ante la vida en general. Para calcularlo correctamente, primero hay que determinar cuándo nació una persona y luego buscar qué signo zodiacal estaba ascendiendo en ese momento. Se puede hacer con cualquier programa de astronomía o páginas web disponibles en internet.

Una vez obtenido el signo ascendente, es importante entender lo que representa. Cada signo del zodiaco tiene ciertas cualidades que pueden ayudarnos a entender la personalidad del signo ascendente. Por ejemplo, Aries es conocido por su carácter fogoso e impulsivo, mientras que Cáncer es más sensible y cariñoso. Conocer las cualidades de su signo ascendente le ayudará a entender cómo le perciben los demás y cómo responder para maximizar las relaciones positivas.

El signo ascendente es importante para predecir el futuro. Nos permite vislumbrar las oportunidades o los retos a los que nos enfrentaremos en el futuro. Comprender las energías asociadas a nuestros signos ascendentes nos permite prepararnos en consecuencia y tomar decisiones informadas sobre nuestro futuro.

Signo descendente

El signo descendente, conocido como la casa astrológica del séptimo signo, es una de las doce casas de la carta astral.

Se considera un factor importante para determinar la personalidad y la trayectoria vital. El signo descendente refleja nuestra relación con los demás y cómo interactuamos con ellos; revela nuestro estilo personal y nuestro enfoque hacia las relaciones platónicas o románticas.

El signo descendente indica el tipo de pareja que alguien atraerá en su vida. Esto puede hacer o deshacer relaciones o asociaciones forjadas entre dos individuos debido a la compatibilidad, o falta de ella, en los rasgos de cada uno. Esencialmente, esta parte de la carta natal de un individuo proporciona información sobre sus necesidades de relación y sobre cómo establecer una conexión significativa con otra persona.

El signo descendente se calcula tomando el grado solar del signo en su nacimiento y restándolo de 180 grados. El resultado será el grado de su descendente. Cada signo del zodiaco tiene su casa o sector de la vida asociado. Al examinar este sector en particular, obtenemos una mayor perspectiva de nuestros patrones y tendencias de relación y de las parejas potenciales.

Por ejemplo, si su signo descendente es Escorpio, es posible que le atraigan las personas misteriosas e intensas.

Por el contrario, alguien con un signo descendente Acuario podría preferir a las personas de mente abierta e independientes.

El signo descendente revela la energía que aportamos a nuestras relaciones. Representa cómo aprendemos a comprometernos y a cooperar con los demás. Es importante tener en cuenta que este factor puede cambiar con el tiempo a medida que crecemos y evolucionamos dentro de nuestras conexiones actuales.

No obstante, su influencia sigue siendo fuerte a lo largo de toda la vida.

Signos del zodíaco
Signos de fuego: Aries, Leo y Sagitario

Las personas que pertenecen a los signos de fuego son apasionadas, enérgicas, de carácter fuerte y muy independientes. Tienen un entusiasmo por la vida que muchos encuentran excitante y contagioso. Por lo general, los signos de fuego son valientes, seguros de sí mismos, automotivados y toman la iniciativa a la hora de perseguir sus sueños. Requieren mucha libertad y son ferozmente independientes.

Aries (21 de marzo - 19 de abril): Un signo de sol en Aries puede manifestarse a través de la ambición, la acción y el liderazgo. La luna les ayudará a sentirse seguros y confiados y a expresarse de forma abierta y creativa. Mientras tanto, su signo ascendente podría sacar a relucir su lado social y hacerles más abiertos a nuevas ideas y experiencias.

Leo (23 julio - 22 agosto): Un signo de sol en Leo pueden manifestarse a través de la confianza, la generosidad y la lealtad. La luna en Leo les ayuda a ser optimistas ante la vida y les anima a expresar sus sentimientos abiertamente y con confianza. Gracias a su signo ascendente, los Leo se vuelven más aventureros y aceptan nuevos retos con entusiasmo.

Sagitario (22 de noviembre - 21 de diciembre): Los soles en Sagitario son independientes, aventureros y abiertos de mente. La luna en Sagitario les ayuda a ser positivos y a arriesgarse para conseguir sus objetivos. Su signo ascendente les hace más espirituales y conectados con el mundo que les rodea.

Los signos de fuego, como Aries, Leo y Sagitario, suelen conectar mejor con su elemento; sin embargo, cada signo tiene sus matices. Los signos de fuego se llevan bien con los signos de aire, como Géminis y Acuario, ya que les encanta discutir ideas y debatir temas. La naturaleza lógica de los signos de aire les ayuda a proporcionar un equilibrio intelectual a la actitud extrovertida de la personalidad de un signo de fuego.

Los signos de Tierra, como Tauro y Virgo, proporcionan una fuerza de apoyo a las personalidades de fuego y gestionan las tareas de forma organizada, proporcionando la estructura que necesitan los signos de fuego. Los signos de fuego suelen tener muchas ideas, pero no siempre saben por dónde empezar o cómo llevarlas a cabo sin ayuda.

Por otro lado, los signos de agua como Cáncer, Escorpio y Piscis introducen emociones en las relaciones de las que un signo de fuego podría carecer. Mientras existan límites entre dos partes con emociones diferentes, puede beneficiarles. En estas relaciones, ambas personas deben comprender las necesidades del otro para apoyarse mutuamente en sus objetivos.

Signos de tierra: Tauro, Virgo y Capricornio

Los signos de tierra se centran más en el mundo tangible que en las ideas o los conceptos abstractos. Sus principales cualidades son el sentido práctico, la fiabilidad, la estabilidad y el carácter conservador. Los signos de tierra se centran en construir cimientos para hacer las cosas. Respetan profundamente la tradición y se enorgullecen de su trabajo.

Tauro (20 de abril - 20 de mayo): Los soles en Tauro son personas fiables, decididas e ingeniosas que aman la estabilidad en la vida. La luna en Tauro les ayuda a mantener los pies en la tierra y a crear una sensación de seguridad en sí mismos. Su signo ascendente saca a relucir su lado más suave; se vuelven más ansiosos por conectar con los demás y probar cosas nuevas.

Virgo (23 de agosto – 22 de septiembre): Los soles en Virgo a menudo son reconocidos como analíticos, trabajadores y detallistas. La luna en Virgo les ayuda a adoptar un enfoque equilibrado de la vida sin dejar de ser organizados. Su signo ascendente podría sacar a relucir un lado de ellos que ama el aire libre y disfruta conectando con la naturaleza.

Capricornio (22 diciembre - 19 enero): Los soles en Capricornio se manifiestan a través del trabajo duro, la ambición y la tenacidad. La luna en Capricornio les ayuda a crear estabilidad mientras establecen límites y se mantienen disciplinados con sus objetivos. Su signo ascendente podría mostrar que son más extrovertidos de lo habitual, dándoles la confianza para asumir nuevos retos con entusiasmo.

Los signos de tierra buscan estabilidad, seguridad y sentido práctico en sus relaciones. Los signos de tierra se basan en el elemento tierra, unido a la cualidad cardinal de ser impulsivos y activos. Por lo tanto, los signos de tierra como Capricornio, Tauro y Virgo gravitan hacia la estabilidad y la comprensión que se encuentran en los signos de tierra afines. Con su necesidad compartida de estructura y sentido práctico, las relaciones entre los signos de tierra a menudo prosperan gracias a la comprensión y el apoyo mutuos.

En sus relaciones con los signos de fuego, como Aries, Leo y Sagitario, los signos de tierra proporcionan estructura y calma, lo que puede equilibrar la intensidad o la temeridad que puede sentirse en una relación. Cuando interactúan con signos de aire como Libra, Acuario y Géminis, los signos de tierra pueden encontrar una conexión conversacional diferente a la que están acostumbrados debido al ingenio cortante de los signos de aire. Esto profundiza su relación y enseña a ambas partes a comunicarse a través de las emociones en lugar de estrictamente la lógica.

Por último, los signos de agua como Escorpio, Cáncer y Piscis se encontrarán profundamente fascinados el uno por el otro, ya que ambos son muy emocionales y se basan más en la intuición que en el pensamiento analítico.

En general, los signos de tierra pueden relacionarse con todos los demás elementos debido a su suave estabilidad que impregna todas las relaciones que encuentran.

Signos de agua: Cáncer, Escorpio y Piscis

Las personas que pertenecen a los signos de agua son conocidas por ser emocionalmente intuitivas, profundamente sensibles y muy imaginativas. A menudo se describe a los signos de agua como soñadores o visionarios, ya que viven en un mundo de emociones más que de hechos. Utilizan su intuición e inteligencia emocional para conectar íntimamente con los demás.

Cáncer (21 de junio - 22 de julio): Los soles en Cáncer son conocidos por ser personas sensibles, intuitivas y cariñosas que se preocupan profundamente por los que les rodean. La luna en Cáncer les permite expresar cómodamente sus emociones de forma abierta y honesta. Por su signo ascendente, los Cáncer son más extrovertidos y juguetones.

Escorpio (23 octubre - 21 noviembre): Los soles en Escorpio son conocidos por ser personas misteriosas, apasionadas e intensas que sienten profundamente las emociones. La luna en Escorpio les permite conocerse mejor a sí mismos y les ayuda a asumir riesgos sin miedo. Su signo ascendente podría sacar a relucir su lado creativo, animándoles a expresarse a través del arte o la escritura.

Piscis (19 febrero - 20 marzo): Los soles en Piscis son personas compasivas, creativas y sensibles, profundamente en contacto con sus emociones. La luna en Piscis les ayuda a sentirse emocionalmente seguros a la vez que tienen una fuerte conexión con la espiritualidad. Podrían estar más abiertos a probar cosas nuevas y explorar lo desconocido gracias a su signo ascendente.

Los signos de agua (Cáncer, Escorpio y Piscis) suelen tener una conexión profunda e intuitiva entre sí. Su cualidad compartida de emocionalidad, empatía y comprensión suele crear una dinámica atractiva entre ellos.

Por el contrario, los signos de aire (Libra, Géminis y Acuario) son más propensos a aportar un enfoque intelectual a sus relaciones. Esto puede estimular a los signos de agua, ya que facilita nuevas ideas y formas de ver la vida que quizá no se habían planteado antes.

Las relaciones de los signos de tierra (Tauro, Virgo y Capricornio) se benefician de la fuerte sensación de estabilidad que se deriva de estar conectados a través de valores responsables y objetivos similares. La sensualidad de los signos de agua encaja perfectamente con las raíces arraigadas de los signos de tierra. Los signos de fuego (Aries, Leo y Sagitario) pueden representar la pasión y la libertad en las relaciones de los signos de agua; sin embargo, si sus diferencias no se alinean, podrían chocar fácilmente.

En general, cada relación es única, pero cuando se trata de conectar el agua con la tierra, el aire y el fuego, los límites deben respetarse mientras se vive la aventura en el viaje hacia el crecimiento.

Signos de aire: Géminis, Libra y Acuario

Los signos de Aire son intelectuales por naturaleza y necesitan mucho la estimulación mental. Les encanta relacionarse con la gente, intercambiar ideas y explorar nuevas posibilidades. Los signos de Aire aprecian la estética y la belleza; son amables y diplomáticos en su enfoque de la vida. Los signos de aire son generalmente abiertos y receptivos y pueden adaptarse fácilmente a diferentes situaciones.

Géminis (21 de mayo - 20 de junio): El sol en Géminis aporta un sentido de adaptabilidad, inteligencia y capacidad para pasar fácilmente de un pensamiento a otro. La luna en Géminis les ayuda a sentirse emocionalmente conectados consigo mismos y con los que les rodean.

Su signo ascendente podría sacar a relucir su naturaleza humorística y mostrar que están abiertos a probar nuevas experiencias.

Libra (23 septiembre - 22 octubre): Los soles en Libra suelen ser diplomáticos, imparciales y saben escuchar. La luna en Libra les permite reflexionar más sobre la vida y sus relaciones con los demás. El signo ascendente de Libra puede sacar a relucir su lado sociable, haciéndoles más propensos a conocer gente nueva y a probar cosas nuevas.

Acuario (20 de enero - 18 de febrero): Los soles en Acuario son conocidos por ser personas progresistas, con visión de futuro y humanitarias. La luna en Acuario les ayuda a mantenerse conectados con su yo interior y a pensar de forma innovadora a la hora de abordar los problemas. Su signo ascendente podría sacar a relucir su naturaleza única; se vuelven más ansiosos por probar nuevas experiencias y compartir ideas frescas.

Los signos de aire, como Géminis, Libra y Acuario, se encuentran entre los signos astrológicos más sociables. Suelen disfrutar dialogando y explorando ideas con los demás, lo que les facilita llevarse bien con personas con visiones del mundo diferentes. Esto puede ser beneficioso a la hora de entablar relaciones con signos de agua como Cáncer, Piscis y Escorpio.

Los signos de agua se basan más en los sentimientos que en la lógica, lo que a menudo puede suponer un reto para los signos de aire. Sin embargo, si están dispuestos a abrir un poco su percepción y olvidar temporalmente su necesidad de dar sentido a todo, encontrarán muchas oportunidades de conectar con los signos de agua.

Los signos de tierra como Tauro, Virgo y Capricornio comparten parte del deseo de estructura de los signos de aire, pero también prefieren actividades más tangibles. Si un signo de aire puede evitar intelectualizar demasiado las cosas, la armonía puede surgir entre ellos más fácilmente de lo esperado.

Los signos de fuego, entre ellos Aries, Leo y Sagitario, exigen emoción en sus pensamientos y acciones, lo que a menudo es un buen augurio para los signos de aire debido a su facilidad para saltar de teoría en teoría. Siempre que el signo de aire deje suficiente espacio para la variedad, las conversaciones serán animadas y probablemente agradarán a todos los implicados.

Estas son solo algunas de las formas en que su signo solar, lunar y ascendente puede influir en su forma de expresarse. Aprender más sobre estos aspectos de la astrología le ayudará a comprender mejor quién es usted y cómo le perciben los demás. Ya sea a través de actividades creativas o acercándose a nuevas personas, adoptar sus rasgos de personalidad únicos le permite vivir la vida con intención y propósito.

Los aspectos entre su carta natal y la de su pareja potencial pueden dar pistas sobre su nivel de compatibilidad. Si los signos descendentes de ambos individuos están en armonía, la atracción y el potencial para una unión exitosa se amplificarán. Por el contrario, si tienen signos opuestos, puede resultar más difícil lograr un equilibrio entre ellos.

Capítulo 3: Los planetas y las casas también importan

Es fácil que surjan confusiones en torno a la diferencia entre planetas y casas en astrología. A primera vista, estos dos conceptos parecen similares. Sin embargo, comprender la singularidad de cada uno es esencial para descifrar los misterios de la astrología. Los planetas significan planes para el viaje vital de una persona, como lecciones que aprender, obstáculos que superar y, en última instancia, una victoria obtenida. Las casas indican aspectos del carácter y la personalidad de una persona determinados por su nacimiento, incluidas las relaciones, las trayectorias profesionales y las finanzas. Al interpretar los planetas y las casas conjuntamente, se obtiene una visión holística de la trayectoria de una persona en el mundo que puede proporcionar orientación a la hora de afrontar los numerosos retos de la vida.

Los planetas desempeñan un papel fundamental en la astrología
*ESO/M. Kornmesser, CC BY 4.0 <https://creativecommons.org/licenses/by/4.0>, vía Wikimedia Commons
https://commons.wikimedia.org/wiki/File:Planets_everywhere_(artist%E2%80%99s_impression).jpg*

Papel de los planetas en la astrología

Los planetas desempeñan un papel importante en la astrología y se cree que tienen el poder de influir en nuestras vidas. Cada planeta tiene una serie de características, una energía individual y una inteligencia celeste que conforman el carácter y el destino de los nacidos bajo su dominio. Los cuatro planetas principales en las cartas astrológicas son el Sol, la Luna, Marte y Mercurio. Otros, como Júpiter y Venus, también se consideran importantes. Aunque muchos no piensan en el Sol o la Luna como planetas, en astrología se hace referencia a ellos por su inmenso poder cósmico, que afecta profundamente a nuestras creencias y valores. Desde la antigüedad, los seres humanos han mirado al cielo en busca de respuestas para navegar por los complejos caminos de la vida y utilizar la información que estos planetas proporcionan para tomar decisiones con conocimiento de causa. Claramente, los planetas tienen una fuerte presencia en la astrología, proporcionando orientación a aquellos que la buscan.

Los planetas en la astrología

1. El Sol

El Sol es el planeta más importante en astrología, y su posición en el momento del nacimiento de una persona determina su signo zodiacal asociado. A menudo denominado "la gran luminaria", el Sol es la estrella central de nuestro sistema solar y simboliza la energía vital que necesitamos para vivir y crecer. El Sol suele representarse como un círculo con un punto en el centro, que simboliza su energía vital. Se asocia con cualidades masculinas y activas, y su energía transmite una sensación de poder, confianza y autoexpresión.

El Sol está asociado a muchas deidades de diversas culturas. En la mitología griega, Helios era el dios del Sol, y Ra era el dios del Sol en la mitología egipcia. En el hinduismo, Surya es la deidad asociada al Sol.

En astrología, el Sol se asocia a determinados signos zodiacales: su exaltación, caída o detrimento. Cuando un planeta está exaltado, es poderoso y puede utilizar su energía con eficacia. Cuando un planeta está en su caída, la energía puede ser difícil de controlar, lo que a menudo resulta en un esfuerzo mal dirigido. La energía puede distorsionarse y ser difícil de utilizar cuando un planeta está en su detrimento. El signo de exaltación del Sol es Aries, el signo del liderazgo y el coraje. Su signo de caída es Libra, el signo del equilibrio, la equidad y la justicia social. El signo en detrimento del Sol es Cáncer, el signo de la emoción y la crianza.

La energía del Sol nos anima a ser líderes fuertes y seguros de nosotros mismos y a expresarnos con autenticidad. Nos da la fuerza interior y el coraje para hacernos cargo de cualquier situación en la que nos encontremos. La energía del Sol nos anima a ser audaces e independientes, pero también nos permite encontrar un equilibrio entre nuestras necesidades y las de los demás. Nos ayuda a encontrar la armonía y la paz en las relaciones románticas, platónicas o profesionales. La energía del Sol es vital para nuestro bienestar y nos anima a hacernos dueños de nuestras vidas, a ser fieles a nosotros mismos y a vivir la vida con un propósito.

2. La Luna

La Luna es una poderosa fuerza astrológica y el regente de las emociones y los sentimientos. Simboliza el inconsciente, la intuición y el lado maternal de la vida. Su glifo tiene forma de media luna, lo que refleja que está en constante cambio, al igual que nuestras emociones. La Luna se asocia con las palabras clave seguridad, crianza, estados de ánimo, miedo, enemigos ocultos y crecimiento personal.

Los antiguos griegos asociaban la Luna a varias diosas, como Artemisa, Hécate y Selene. Estas deidades estaban vinculadas a la intuición, la noche y los misterios de la vida. Esto refleja cómo la Luna nos anima a explorar y desarrollar nuestro potencial oculto.

La Luna está exaltada en Tauro y decae en Escorpio, lo que refleja cómo nos anima a sacar nuestro sentido de seguridad y confort material (Tauro) y a explorar nuestras emociones más intensas y oscuras (Escorpio). Su signo de detrimento es Acuario, lo que sugiere que la influencia de la Luna no debe alejarse demasiado de nuestros sentimientos.

La Luna es una fuerza poderosa en astrología, que nos anima a explorar nuestras emociones, cuidar nuestras relaciones con los demás y desarrollar nuestro potencial interior. Su energía afecta profundamente a nuestras interacciones sociales en el amor, la amistad o el trabajo. Recuerde mantenerse abierto y conectado a sus sentimientos, al tiempo que aprende a utilizarlos en su beneficio.

3. Mercurio

Mercurio es un planeta asociado a la comunicación, la escritura y el intelecto. Está representado por el glifo de dos círculos que se cruzan, símbolo de dos mentes que se unen. Este glifo sugiere la capacidad intelectual de una persona y su habilidad para comunicarse y colaborar con los demás.

Las palabras clave asociadas a la energía de Mercurio son comunicación, ideas, aprendizaje e inteligencia. A menudo se asocia con el dios griego Hermes, el mensajero de los dioses. Simbolizaba la elocuencia, el ingenio y la astucia.

Mercurio está exaltado en Virgo y en su caída en Piscis. En Virgo, la energía de Mercurio es positiva, lo que permite a las personas pensar de forma crítica y resolver problemas. En Piscis, la energía es menos controlada, lo que sugiere un enfoque más creativo para la resolución de problemas.

En general, la energía de Mercurio es comunicación, inteligencia y colaboración. Anima a la gente a pensar de forma crítica y a desarrollar soluciones creativas a los problemas. Las personas con una fuerte colocación de Mercurio suelen ser muy buenas en la formación y el mantenimiento de relaciones amorosas, amistosas o laborales. Influye en las personas para que comuniquen sus pensamientos e ideas de forma más abierta y creativa. Cuando está equilibrada, la energía de Mercurio aporta claridad y comprensión a las interacciones sociales. Estar desequilibrado puede provocar confusión, malentendidos y dificultades para entablar relaciones.

4. Venus

Venus es el planeta del amor, la belleza y la armonía. Está representado por el glifo de un círculo con una cruz en la parte inferior, que simboliza el género femenino. Está relacionado con la feminidad divina. En astrología, Venus es importante porque habla de nuestros deseos, valores y gustos. Venus se asocia a menudo con las numerosas deidades del amor y la belleza, como Afrodita, Ishtar, Freya y Venus, la diosa romana del amor.

Las palabras clave asociadas a Venus son romance, belleza, gracia, encanto, socialización y arte. Representa nuestra capacidad para entablar relaciones y conectar con los demás. Se asocia con la sensualidad, la pasión y la devoción.

En astrología, Venus está exaltado en Piscis, su caída en Virgo y su detrimento en Escorpio. La energía que emite Venus es intimidad y conexión; nos ayuda a encontrar la belleza en nosotros mismos y en los demás. Facilita las interacciones sociales de forma armoniosa y nos ayuda a encontrar el equilibrio en nuestras relaciones. Nos anima a estar abiertos a la belleza que nos rodea y al potencial del amor y las relaciones. Nos enseña a apreciar y cultivar la belleza a través del arte, la música u otras formas de expresión. La energía de Venus nos dedica a ser más abiertos y amorosos con nosotros mismos y con los demás.

5. Marte

Marte es un planeta importante en astrología, ya que representa nuestra voluntad y ambición. Simboliza el impulso para alcanzar nuestros objetivos y la fuerza interior que nos empuja a perseguirlos. El glifo de Marte es un círculo con una flecha apuntando hacia arriba, lo que indica la capacidad del planeta para inspirarnos a pasar a la acción.

Marte se asocia a menudo con las palabras clave agresividad, pasión y asertividad. Estas cualidades son necesarias para que sigamos nuestras ambiciones y alcancemos nuestros objetivos. Además, su energía está relacionada con el coraje, la valentía, la fuerza física y el liderazgo.

Las deidades asociadas a Marte son Ares en la mitología griega y Marte en la mitología romana. Ambos eran dioses de la guerra y la violencia, pero también representaban el valor y la fuerza.

Marte está exaltado en Capricornio, lo que indica que las personas con este emplazamiento son probablemente muy ambiciosas y tienen éxito en sus empresas. Se encuentra en descenso en Cáncer, lo que sugiere que las personas con este emplazamiento pueden tener dificultades para mantener la motivación y perseguir sus objetivos. Está en detrimento en Libra, lo que indica que las personas con esta colocación luchan por pasar a la acción y carecen de motivación para perseguir sus ambiciones.

Marte es un planeta que representa nuestra ambición e impulso para perseguir nuestros objetivos. Se asocia con la agresividad, la pasión, la asertividad, el coraje, la valentía, la fuerza física y el liderazgo. Las personas con una posición fuerte de Marte están muy centradas en lograr sus ambiciones y suelen tener éxito en sus esfuerzos. Los que tienen una posición más débil tienen dificultades para mantenerse motivados y les cuesta pasar a la acción. Al comprender la energía de Marte, las personas pueden utilizarla a su favor y canalizar su energía en esfuerzos exitosos.

6. Júpiter

Júpiter es el planeta más grande de nuestro sistema solar. Ocupa un lugar especial en la astrología debido a su fuerte influencia en la vida de las personas. En astrología, Júpiter se asocia con el crecimiento, la abundancia y el éxito. Influye positivamente en el viaje espiritual de la humanidad, proporcionando suerte, sabiduría y guía. Júpiter es el "gran maestro" porque nos da el poder de aprender de nuestras experiencias y crecer.

El glifo astrológico de Júpiter es un signo que parece dos líneas curvas cruzadas en la base, lo que representa su expansividad y potencial de crecimiento. Sobre la cruz hay un arco que simboliza la iluminación y la suerte. Este glifo transmite apertura a nuevas ideas, ver más allá de los límites y encontrar la alegría en el aprendizaje. La energía expansiva de Júpiter puede empujarnos a salir del estancamiento y la improductividad, fomentando la exploración y la amplitud.

Las palabras clave asociadas a Júpiter son abundancia, expansión, crecimiento, optimismo, suerte y alegría. Estas palabras encapsulan perfectamente la energía que Júpiter aporta a nuestras vidas. Nos anima a asumir riesgos, explorar nuevas posibilidades y confiar en el universo.

Júpiter está asociado a varias deidades, como Zeus, Thor e Indra. Estos dioses representan el poder, la fuerza y la capacidad de Júpiter para traernos suerte y orientación.

Júpiter está exaltado en Cáncer, lo que demuestra su capacidad para nutrir y proteger a los que le rodean. Su descenso se produce en Capricornio, donde su influencia es más débil. El detrimento de Júpiter está en Aries, donde puede interferir con nuestra capacidad para asumir riesgos y ser optimistas.

Júpiter emana una poderosa energía positiva que nos anima a asumir riesgos y a explorar nuevas oportunidades. Esta energía beneficia las interacciones sociales y nos anima a ser abiertos de mente y optimistas. La influencia de Júpiter puede traer alegría y abundancia a nuestras vidas, y su energía nos ayuda a alcanzar nuestro máximo potencial.

7. Saturno

Saturno es el planeta en la astrología de la disciplina, la limitación, el tiempo y la estructura. Se asocia con los límites y las reglas y es una puerta de entrada al reino de la madurez, la sabiduría y el conocimiento.

Su glifo se representa como una cruz sobre una luna creciente, mostrando cómo une los reinos físico y espiritual. Sus palabras clave son restricción, disciplina, trabajo duro, perseverancia, ambición y responsabilidad. Algunas deidades asociadas a Saturno son Cronos, el Padre Tiempo y la Parca.

Saturno está exaltado en Libra, dando al planeta una sensación de equilibrio y armonía. Su caída está en Aries, lo que dificulta la expresión del poder individual sin sentirse abrumado por las energías más estrictas de Saturno. Por el contrario, su detrimento está en Cáncer, donde su energía puede ser demasiado abrumadora y restrictiva para el signo apacible.

La energía de Saturno se asocia con la concentración, la estructura y la disciplina. Ayuda a las personas a mantenerse organizadas y eficientes en sus actividades diarias y a ser más autodisciplinadas y centradas en sus objetivos; sin embargo, si se utiliza en exceso, la energía de Saturno podría provocar miedo, culpa e inseguridad.

La energía de Saturno puede afectar a las interacciones sociales con otras personas. Puede provocar aislamiento y soledad, y miedo al compromiso. Por el contrario, ayuda a las personas a construir relaciones fuertes y formar conexiones significativas con los demás.

8. Urano

Urano es el planeta de los cambios repentinos e inesperados y se asocia con la revolución y la rebelión. Es el planeta de las sorpresas inesperadas, los avances tecnológicos y la energía revolucionaria.

El glifo astrológico de Urano es una amalgama de la cruz, que simboliza el espíritu y la curación. Se combina con un círculo que representa la eternidad. El poder del cambio y la incertidumbre están asociados a este planeta y pueden derribar estructuras y despertar la conciencia de quienes están bajo su influencia. Su energía es impredecible e inconformista, pero está cargada de potencial creativo.

Algunas palabras clave que describen las principales características de Urano en astrología son poco convencional, inventivo, progresista, rebelde e inusual.

En la mitología, Urano era el dios primigenio del cielo y el padre de Cronos. Otras deidades asociadas a Urano son Hypnos (dios del sueño), Thanatos (dios de la muerte) y Hekate (diosa de la magia).

En astrología, la exaltación de Urano está en Escorpio y su detrimento en Tauro. La exaltación significa que un planeta o signo despliega su máximo potencial, mientras que el detrimento indica lo contrario. En este caso, Urano es más poderoso en Escorpio, un signo asociado a la intensidad y la transformación, por lo que es la energía ideal para inspirar cambios o innovaciones. La energía de Urano es débil y limitada en Tauro, signo asociado a la previsibilidad y la estabilidad.

Urano aporta una energía de imprevisibilidad, cambios repentinos y sorpresas inesperadas. Su influencia puede aportar una sensación de liberación, ya que anima a las personas a liberarse de las normas y restricciones de la sociedad. Su energía puede ser perturbadora, creando caos y agitación en la vida de las personas y en sus relaciones interpersonales. Se asocia a cambios sutiles y poderosos que pueden provocar grandes transformaciones en la vida de las personas.

9. Neptuno

Neptuno es el planeta de los sueños, las ilusiones y los engaños. Predice el estado del espíritu interior de las personas, la conciencia, la imaginación, el potencial creativo y el entusiasmo por el arte y la música. Por ello, suele estar relacionado con actividades espirituales y la exploración de misterios o secretos.

El glifo astrológico de Neptuno está formado por la luna creciente, un signo de infinito y una cruz. Simboliza la profunda conexión del planeta con la intuición, la fe y la comprensión, lo que lo convierte en uno de los signos más enigmáticos de la astrología. El tridente ligado a su símbolo habla de su poder como regente del mar y maestro de la sabiduría divina.

Las palabras clave asociadas a Neptuno incluyen espiritualidad, creatividad, inspiración, trascendencia e imaginación. Está estrechamente relacionado con los dioses Poseidón y Neptuno de la mitología griega y romana, respectivamente.

La exaltación de Neptuno se encuentra en Piscis, y su caída en Virgo. Su detrimento se encuentra en Leo, lo que lo convierte en el signo opuesto a nuestro Sol. Así pues, aunque la energía de Neptuno puede crear un entorno de plenitud espiritual, también puede ser engañosa y conducir a la confusión y la desorientación.

Cuando Neptuno está en su máxima expresión, aporta energía creativa y una sensación de asombro y maravilla. Por lo tanto, puede ser muy útil en las interacciones sociales, exponiendo una sensación de armonía y comprensión. Por otro lado, su lado oscuro puede causar confusión o alienación entre los demás. La principal aportación de Neptuno a la astrología es su capacidad para aprovechar las energías de nuestro espíritu interior y nuestra creatividad. Su naturaleza expansiva saca lo mejor de nosotros y nos ayuda a alcanzar nuestro potencial.

10. Plutón

Plutón se considera un planeta "transpersonal" o espiritual. El glifo de Plutón es un círculo con una media luna en la parte superior, que representa el poder oculto del planeta y su influencia en la vida. La media luna también se asemeja a una guadaña, símbolo de la capacidad de Plutón para cortar lo que ya no nos sirve. En la base del círculo descansa un orbe, que representa la autoridad de Plutón sobre los misterios de la vida y la muerte. Juntos, estos símbolos reflejan el arraigado papel de Plutón en la transformación y regeneración de nuestras vidas. Representa la transformación, el renacimiento, el poder, la regeneración, la eliminación de lo viejo y la creación de lo nuevo.

Plutón está asociado a las palabras clave transmutación, regeneración, transformación, poder y muerte. Se asocia con ciertas deidades como Hades, el dios griego del inframundo, y Orcus, el dios romano de la muerte.

En astrología, la exaltación de Plutón está en Escorpio, su caída en Tauro y su detrimento en Leo, lo que indica que es más fuerte en Escorpio y más débil en Leo. Cuando la energía de un planeta está exaltada, otorga todo su potencial. Por el contrario, su energía se bloquea o debilita cuando está en caída o detrimento.

La energía de Plutón puede afectar positivamente a la vida de una persona si se utiliza de forma constructiva. Puede provocar una poderosa transformación y ayudar a obtener una comprensión más profunda de uno mismo y de los demás. Por otro lado, la energía de Plutón puede conducir a problemas de control y luchas de poder si se utiliza de forma destructiva. Puede causar manipulación y destrucción en las relaciones.

Plutón es un planeta poderoso que puede provocar cambios radicales en la vida de una persona. Se asocia con el poder de la transformación y puede ayudar a comprender la propia oscuridad y la de los demás. Sea consciente de la energía de Plutón y utilícela de forma constructiva para crear un cambio positivo. Cuando se utiliza sabiamente, su poder puede aprovecharse para crear algo bello y significativo. Simboliza la esperanza de que algo nuevo puede nacer incluso en los momentos más oscuros.

¿Por qué se considera que la Luna, Marte y Venus son los más reveladores en la sinastría?

En la sinastría (comparación de dos cartas natales para determinar la compatibilidad) la Luna, Marte y Venus se consideran los planetas más reveladores.

La Luna refleja las emociones y los sentimientos, mostrando cómo dos personas interactúan a un nivel más profundo, cómo se consuelan mutuamente, cómo reaccionan a las necesidades del otro y cómo su vida cotidiana está sincronizada. Marte es un planeta asociado a la pasión y la agresividad, que revela cómo dos personas interactúan apasionadamente. Refleja la química sexual y el nivel de intensidad de una relación. Venus tiene que ver con el amor, el afecto y la belleza. Representa la armonía entre dos personas, la atracción y cómo expresan su amor. Muestra cómo dos personas se comprometen para que la relación funcione.

Estos tres planetas muestran la conexión entre dos personas y si una relación es armoniosa. Indican lo bien que se entienden dos personas, lo sincronizadas que están sus emociones y por qué ciertas dinámicas funcionan entre ellas. Revelan qué es necesario para que una relación tenga éxito. En última instancia, observar estos planetas en la sinastría puede determinar si dos personas son realmente compatibles.

Las casas astrológicas y su importancia

El sistema astrológico de casas es una práctica antigua para interpretar el carácter, las relaciones y las perspectivas profesionales de una persona. Se basa en la posición de los planetas en doce segmentos de la carta llamados casas. Cada casa corresponde a un área de la vida, por lo que puede dar una idea de cómo abordar estas áreas específicas y los posibles resultados.

Las casas astrológicas en detalle
BoH, CC BY-SA 4.0 <https://creativecommons.org/licenses/by-sa/4.0>, vía Wikimedia Commons https://commons.wikimedia.org/wiki/File:Freedman_Leary_1951.png

La primera casa se asocia con el yo y las primeras impresiones, indicando la apariencia de una persona y cómo se presenta ante los demás. También da una idea de la salud y el bienestar de una persona. La segunda casa se asocia con las posesiones materiales y los valores, mientras que la tercera rige la comunicación y las relaciones. La cuarta casa rige el hogar, los padres y los fundamentos psicológicos, y la quinta se asocia con el placer, la creatividad y la autoexpresión.

La sexta casa rige el servicio a los demás, la vida laboral y los hábitos de salud; la séptima, las relaciones de pareja; la octava, las finanzas y el legado; y la novena, la filosofía y la enseñanza superior. La décima casa rige el reconocimiento público, el estatus social y la carrera, la undécima se ocupa de las amistades, las esperanzas y los sueños, y la duodécima está asociada a la espiritualidad.

Al predecir la compatibilidad mediante el sistema de casas astrológicas, preste atención a cómo se distribuyen los planetas en cada casa. Supongamos que dos personas tienen varios planetas en casas compatibles. En ese caso, esto sugiere que pueden tener una fuerte conexión y que se entenderán más profundamente. Por el contrario, si muchos de sus planetas están en casas incompatibles, esto podría sugerir algunas dificultades o malentendidos entre ellos.

A la hora de determinar la compatibilidad entre dos personas mediante el sistema astrológico de casas, el mejor indicador para el entendimiento y el éxito de una relación es una fuerte coincidencia en sus respectivas casas. Las casas en las que hay que fijarse más son la 7ª (que describe la pareja en las relaciones) y la 5ª (centrada en la creatividad, los niños y el romance). Casas como la 4ª, centrada en el hogar y los asuntos familiares, pueden mostrar lo bien que se llevarán dos individuos en un entorno doméstico. Prestar atención a estas áreas en particular proporciona una valiosa información sobre una posible pareja y si son compatibles.

La importancia de la casa lunar en la compatibilidad astrológica

La casa lunar en la compatibilidad astrológica es vital porque ayuda a las personas a determinar la posición de sus planetas entre sí. Al explorar las posiciones de los cuerpos celestes y su impacto en las influencias externas, los astrólogos obtienen información sobre las relaciones entre dos individuos. La casa lunar alinea los planetas reflejando cómo interactúan entre sí y los aspectos significativos que conforman la vida de las personas. La comparación de las cartas natales de dos individuos proporciona información sobre su compatibilidad. Esta comprensión beneficia especialmente a las parejas potenciales que quieren salvarse de un desastre en su relación. Además, comprender la compatibilidad astrológica permite a las parejas identificar patrones y tendencias de comportamiento que, de otro modo, pasarían desapercibidos en su relación. En última instancia, adquirir conocimientos de astrología a través de la casa lunar dota a las personas de herramientas adicionales para decidir sobre sus prácticas vitales y sus relaciones personales.

Capítulo 4: Profundizando a través de las cartas sinastrales

Si alguna vez ha sentido curiosidad por saber cómo dos personas en una relación pueden ser tan compatibles o por qué algunas relaciones no duran, las cartas sinastrales pueden ser la respuesta. Una carta de sinastría proporciona el análisis necesario para comprender por qué los dos individuos pueden complementarse o por qué experimentan dificultades. Aunque muchas personas encuentran confusas las cartas sinastrales y su análisis, este capítulo le guiará a través de los pasos necesarios para crear y comprender su propia carta sinastral. Este capítulo detalla cómo evaluar los planetas, signos, casas y aspectos entre dos datos natales para comprender mejor su relación. No existe un enfoque único para aprender sobre cartas astrales y leerlas; sin embargo, con los conocimientos de este capítulo, podrá hacerse una idea de por dónde empezar a comprender sus misterios.

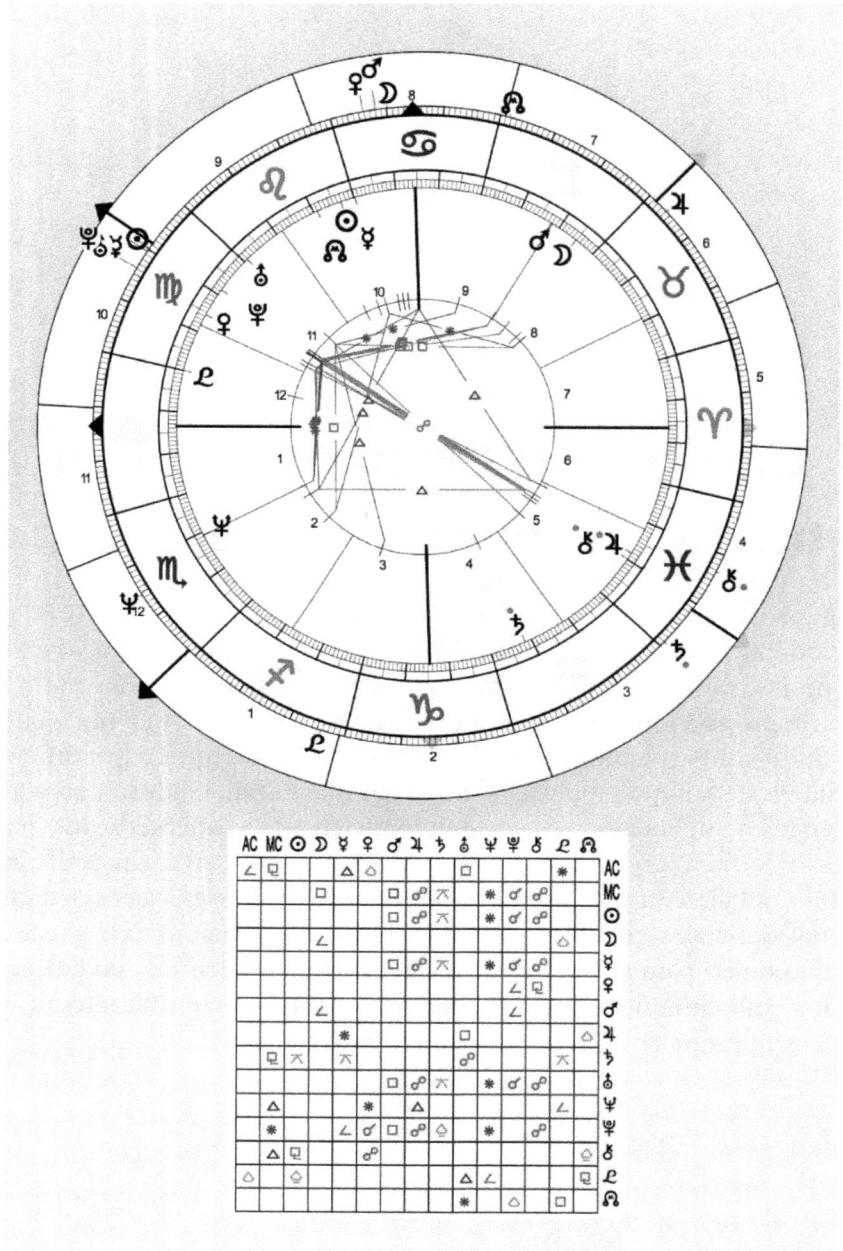

Carta de sinastría

Christian Hoffmann, CC BY-SA 4.0 <https://creativecommons.org/licenses/by-sa/4.0>, vía Wikimedia Commons https://commons.wikimedia.org/wiki/File:Partnerhoroskop_Synastrie_Radix_Grafik.jpg

Concepto de las cartas de sinastría

Las cartas de sinastría, conocidas como cartas de compatibilidad u horóscopos de relaciones, comparan las cartas natales de dos individuos para comprender mejor la dinámica de sus relaciones. La sinastría se basa en la creencia de que los cuerpos celestes influyen e indican correlaciones entre las personalidades, trayectorias vitales y destinos de las personas.

Las cartas de sinastría se crean superponiendo la carta natal de una persona a la de otra y buscando los aspectos (los ángulos) entre ellas. Los aspectos muestran cómo interactúan los planetas de la carta natal de una persona con los de la carta natal de otra; reflejan posibles áreas de armonía y discordia entre dos individuos. Las firmas astrológicas de dos personas pueden diferir, pero si las colocaciones de sus cartas forman aspectos armoniosos, su relación puede tener más éxito.

Por lo general, las conjunciones (0 grados) y las oposiciones (180 grados) se consideran los aspectos más importantes en las cartas de sinastría. Sin embargo, los trígonos (120 grados), sextiles (60 grados) y cuadrados (90 grados) son igualmente importantes. Las conjunciones indican una fusión de energías, mientras que las oposiciones muestran una dinámica de tira y afloja; los trígonos crean un flujo de energía fácil; los sextiles fomentan el crecimiento y la exploración; y las cuadraturas aportan desafíos y tensiones constructivas o destructivas.

La sinastría no es, ni mucho menos, una ciencia exacta, y nunca debe utilizarse para tomar decisiones tajantes sobre una relación o su futuro. Más bien, proporciona una visión de cómo se relacionan dos personas y les ayuda a comprender la dinámica de su unión. Ofrece pistas sobre qué aspectos de la relación necesitan más atención y cuidado. En última instancia, las cartas sinastrales nos proporcionan herramientas de autorreflexión y comprensión que nos ayudan a construir relaciones más sanas y armoniosas.

Además de proporcionar una visión de las relaciones individuales, la sinastría puede comparar a un grupo de personas para comprender su dinámica. Resulta especialmente útil para que las parejas o los socios comerciales comprendan mejor su relación y cómo encaja en el contexto de su comunidad.

Las cartas sinastrales son una herramienta inestimable para comprender la compleja naturaleza de las relaciones. Al estudiar estos aspectos, obtenemos información valiosa sobre cómo interactúan dos personas entre sí y qué áreas potenciales de armonía y discordia existen entre ellas. Con este conocimiento, podemos cultivar relaciones más sanas y fructíferas con quienes nos rodean. Aunque nunca deben utilizarse para tomar decisiones definitivas sobre una relación, las cartas sinastrales nos ayudan a comprender la dinámica de nuestras vidas.

Formas de crear un diagrama de sinastría

Crear un diagrama de sinastría para comparar la compatibilidad entre dos personas puede ser una tarea compleja. Sin embargo, existen muchos paquetes de software y herramientas que simplifican el proceso. Este capítulo explora algunas opciones populares para calcular e interpretar las cartas sinastrales.

Uno de los paquetes de software más completos para crear y analizar cartas astrales es Astro-Vision Astrology Software. Este programa incluye una amplia base de datos de información astrológica con una interfaz fácil de usar para crear cartas astrales. Incluye interpretaciones detalladas de planetas individuales en cartas natales y de tránsito y sus introspecciones. Además, puede crear informes personalizados con representaciones gráficas de los datos de la carta y los indicadores de compatibilidad.

Otra opción popular para crear gráficos de sinastría es Janus Astrology Software. Este programa ofrece numerosas funciones diseñadas para que la creación de cartas sea más fácil y precisa. Incluye una amplia base de datos de información astrológica, como planetas natales y en tránsito, introspecciones entre ellos, colocaciones en casas, puntos medios, asteroides y estrellas fijas. Además, proporciona interpretaciones detalladas de planetas individuales en cartas natales y de tránsito con indicadores de compatibilidad. Ofrece la posibilidad de crear informes personalizados con representaciones gráficas de los datos de la carta.

Existen herramientas gratuitas en línea para aquellos que buscan una forma más sencilla de calcular cartas sinastrales sin necesidad de adquirir software o registrarse en un servicio de suscripción. Existen varios servicios de cartas astrales en línea; uno de los más populares es Astrodienst's Synastry Chart Calculator (https://www.astro.com/horoscope). Esta herramienta permite a los usuarios introducir dos fechas de nacimiento y comparar su compatibilidad con una carta simple. Proporciona interpretaciones básicas de los planetas en la carta natal de cada persona y sus introspecciones.

Para quienes deseen ir más allá de una simple comparación de cartas y profundizar en las complejidades del análisis de la sinastría, AstroMatrix (https://astromatrix.org/) ofrece un completo paquete de programas y herramientas diseñados específicamente para este fin. Su programa Synastry Matrix (https://www.positiveastrology.com/synastry-matrices-collisions/) incluye datos astrológicos, de cartas natales y de tránsito e interpretaciones detalladas de planetas y aspectos individuales. Además, permite crear informes personalizados con representaciones gráficas de los datos de la carta y los indicadores de compatibilidad.

Por último, para los interesados en explorar el antiguo arte de utilizar la astrología para evaluar el posible éxito o fracaso de una relación, AstroSynthesis (más información aquí: https://www.astrosynthesis.com.au/) es otro completo paquete de software disponible. Este programa incluye una extensa base de datos de información astrológica con interpretaciones detalladas de planetas individuales y aspectos. Proporciona creación de informes personalizables con representaciones gráficas de los datos de la carta e indicadores de compatibilidad basados en los métodos tradicionales de sinastría.

Hay muchas opciones disponibles para calcular las cartas de sinastría y comprender sus implicaciones. Se puede comprender mejor la compatibilidad potencial entre dos personas aprovechando estas diversas herramientas y recursos. Sin embargo, ningún programa informático o herramienta puede suplir la percepción y la intuición individuales para comprender realmente una relación. En última instancia, depende de ti utilizar estas herramientas para comprender una relación romántica, platónica o de otro tipo. Con el enfoque adecuado y los recursos a su disposición, puede obtener información valiosa sobre la compatibilidad real de dos personas.

Cómo calcular las cartas de sinastría

Las cartas sinastrales comparan las cartas natales de dos personas y proporcionan información sobre su relación. Una carta de sinastría es una poderosa herramienta para comprender la dinámica de una relación; revela cómo interactúan los planetas de cada individuo con la carta de la otra persona. La combinación de estas dos energías puede ayudar a comprender y mejorar las relaciones. Se pueden utilizar varios métodos para calcular una carta sinastral, pero todos implican comparar la carta natal de una persona con la de otra.

Una forma de empezar a analizar una relación potencial es utilizar los tránsitos, cuando un planeta de la carta de una persona interactúa con los planetas o puntos de la otra persona durante la relación. Este método permite evaluar hasta qué punto es probable que dos personas se lleven bien y si pueden surgir conflictos.

Otra forma de calcular la sinastría es a través de los aspectos. Los aspectos se producen cuando dos planetas de la carta de una persona forman un ángulo entre sí e interactúan con un planeta o punto de la carta de otra persona. Para calcular la sinastría se pueden utilizar varios aspectos, como conjunción, sextil, trígono, cuadratura, quincuncio, oposición, semisextil y sesquicuadrado. El significado de cada aspecto depende de lo que conecte en las cartas de ambas personas.

La tercera forma de calcular una carta de sinastría es fijarse en los puntos medios. Los puntos medios se producen cuando dos planetas de la carta de una persona interactúan con el mismo planeta o punto de la carta de otra persona. Proporcionan información sobre cómo se mezclan las energías de cada individuo y las áreas potenciales de crecimiento o desafío.

Por último, es importante tener en cuenta las casas y los signos al calcular las cartas sinastrales. Las casas representan distintas áreas de la vida, como el hogar, las relaciones, la profesión y las finanzas. Observar en qué casa se encuentran los planetas de cada persona revelará cómo interactúan entre sí en los distintos aspectos de la vida. Los signos representan diferentes elementos y cualidades que influyen en nuestra personalidad, comportamiento y perspectiva. Observar en qué signo se encuentran los planetas de cada persona proporciona una visión más profunda de cómo interactúan entre sí.

El cálculo de las cartas sinastrales es un proceso complejo, pero una vez que se comprenden los conceptos básicos, puede ser una excelente forma de entender las relaciones. Al estudiar los tránsitos, aspectos, puntos medios, casas y signos, se obtiene una visión en profundidad de cómo interactúan las energías de dos personas y qué áreas de crecimiento o retos surgen. Con este conocimiento, puede comprenderse mejor a sí mismo y sus relaciones con los demás.

Cómo leer las cartas de sinastría

Antes de profundizar en una carta sinastral, es importante conocer los elementos básicos de la misma. Esto incluye comprender los planetas y los aspectos utilizados. Los planetas representan distintas áreas de la vida, mientras que los aspectos indican cómo interactúan en la relación. Son los elementos básicos que componen una carta sinastrales y proporcionan información sobre cómo interactuarán dos personas. Para sacar el máximo provecho de la lectura de una carta sinastral, es importante tener una sólida comprensión de lo que significan los planetas y los aspectos.

Planetas y luminarias

Los planetas/luminarias más importantes de la sinastría son la Luna, Venus y Marte. La Luna es uno de los planetas más importantes de la sinastría porque representa nuestras emociones y cómo respondemos de forma natural a una situación. La posición de la Luna en la carta natal de una persona determinará el tipo de relación que necesita y busca, así como sus respuestas naturales a los estímulos. La Luna puede mostrarnos dónde encontramos consuelo, seguridad e intimidad. También revela nuestros desencadenantes emocionales, lo que puede ser beneficioso para navegar por los conflictos dentro de una relación.

Venus es otro planeta/luminaria importante en sinastría que significa amor, atracción, belleza y armonía entre dos personas. Su posición en las cartas astrales de ambos cónyuges revelará si se sienten atraídos el uno por el otro a nivel emocional. También nos muestra el tipo de pareja que satisfaría a ambos individuos. Una fuerte conexión entre las posiciones de Venus en ambas cartas podría indicar un vínculo duradero.

Marte es el tercer planeta/luminaria más importante de la sinastría y representa la sexualidad, la pasión, la agresividad y el impulso. Las posiciones de Marte pueden ser reveladoras a la hora de evaluar la compatibilidad física entre dos personas. Una fuerte conexión entre las posiciones de Marte podría significar que estos individuos tienen una intensa química física entre sí. Marte también proporciona información sobre cómo una persona podría manejar o reaccionar durante las discusiones o desacuerdos con su pareja.

Por último, el Sol y el ascendente son factores clave a la hora de analizar la compatibilidad entre las personalidades de dos personas. El signo solar refleja los rasgos fundamentales del carácter de una persona, mientras que el ascendente describe su comportamiento o aspecto exterior; estas cualidades pueden atraer a los demás o proporcionar una chispa inicial incluso antes de que se produzca una conversación entre ellos. La comparación de estas posiciones en sinastría puede ayudar a descubrir cualidades complementarias que podrían constituir la base de relaciones duraderas basadas en la comprensión y el respeto mutuos de las necesidades y deseos de la otra persona.

Aspectos importantes en sinastría

Conjunción: La conjunción se forma cuando dos planetas están en el mismo signo, creando una conexión directa entre ellos que puede ser beneficiosa o desafiante, dependiendo de las energías planetarias exactas implicadas. Este aspecto amplifica las expresiones de ambos planetas, a menudo hasta un grado intenso y poderoso. Una conjunción puede representar una oportunidad de crecimiento y transformación, en la que ambos planetas combinan su poder para crear algo totalmente nuevo.

Trígono: Cuando dos planetas forman un aspecto de trígono, forman un ángulo de 120° entre ellos, formando una conexión casi perfecta. Se considera uno de los aspectos más beneficiosos, ya que permite un intercambio de energía armonioso entre los dos planetas implicados. También crea un entorno propicio en el que los retos pueden superarse fácilmente y es posible crecer sin esfuerzo. Los trígonos suelen indicar suerte y buena fortuna, permitiendo que las situaciones se desarrollen naturalmente a favor de uno, sin ningún esfuerzo adicional.

Sextil: Los sextiles se forman cuando dos planetas forman un ángulo de 60° entre sí. Este aspecto suele considerarse más útil que desafiante. Suele indicar circunstancias favorables en las que uno puede tener éxito con un mínimo esfuerzo o alteración de su rutina normal. Las personas con sextiles en su carta astral suelen verse bendecidas con buena suerte y resultados positivos sin tener que esforzarse demasiado para conseguirlos.

Cuadratura: Las cuadraturas se producen cuando dos cuerpos celestes forman un ángulo de 90° entre sí, creando una tensión entre ellos que debe equilibrarse para avanzar. Las cuadraturas suelen requerir un trabajo activo para resolver problemas o seguir avanzando; pueden señalar áreas que necesitan atención o significar retos que deben abordarse antes de que se produzca una verdadera alineación. También ofrecen la posibilidad de crecer comprendiendo cómo interactúan las distintas fuerzas y equilibrando las energías opuestas en uno mismo y en los demás.

Oposición: Las oposiciones se forman cuando dos cuerpos celestes se encuentran a 180° uno del otro, creando un vínculo directo entre ellos, pero también una fuerte tensión debido a sus energías conflictivas. Las oposiciones suelen revelar verdades difíciles sobre nosotros mismos o nuestras relaciones, ya que nos enseñan cómo nuestros valores chocan con los de quienes nos rodean. Sin embargo, cuando se abordan adecuadamente, pueden proporcionar una valiosa visión de nuestras motivaciones y ayudarnos a ampliar nuestra perspectiva sobre los matices de la vida, forzándonos a salir de nuestra zona de confort hacia un lugar de mayor comprensión con el paso del tiempo.

Quincuncio: Los quincuncios se producen cuando un orbe de 1-2 grados separa dos cuerpos celestes, formando una relación incompleta que necesita más exploración para alcanzar todo su potencial. Los quincuncios pueden indicar obstáculos ocultos o lecciones kármicas aún no resueltas; nos desafían a mirar más allá del nivel superficial para descubrir lo que hay debajo, de modo que podamos tener una comprensión más profunda de dónde nos encontramos energéticamente con los demás y con nosotros mismos.

También es importante comprender los distintos aspectos de la sinastría y cómo pueden indicar la compatibilidad entre dos personas. Lo más habitual al analizar una relación es tener en cuenta el Sol, la Luna, el ascendente, Venus y Marte.

Al evaluar la conexión Sol-Luna, es importante tener en cuenta cómo interactúan las energías de ambas partes. El Sol representa nuestra identidad central, mientras que la Luna refleja nuestras emociones y necesidades internas. Una conexión armoniosa entre estos dos planetas indica una comprensión de la identidad central y las necesidades emocionales del otro. Del mismo modo, una oposición o cuadratura puede indicar dificultad para comprender o empatizar con los sentimientos y necesidades del otro.

El ascendente simboliza cómo nos expresamos externamente a los demás, por lo que un aspecto fuerte entre este planeta y el Sol o la Luna puede ayudar a establecer una comunicación fluida en la relación. Los aspectos trígono y sextil tienden a crear una energía más armoniosa entre la pareja que sus oposiciones o cuadraturas.

Venus es conocido, como el planeta del amor, la belleza, el placer y la compañía. Los aspectos entre Venus y Marte significan atracción sexual, mientras que los aspectos de trígono y sextil crean una conexión armoniosa; sin embargo, demasiada comodidad dentro de esta conexión podría llevar a una falta de excitación en la relación. Los aspectos duros, como las cuadraturas o las oposiciones, pueden traer conflictos, pero también mayor pasión a la relación.

Por último, los aspectos entre la Luna y Venus o Marte muestran la sintonía emocional entre dos personas. Mientras que los trígonos y sextiles representan una comunicación fluida en la que ambas partes comprenden las emociones de la otra sin esfuerzo, las cuadraturas u oposiciones pueden indicar malentendidos que pueden tensar la relación si no son abordados adecuadamente por ambos miembros de la pareja.

Casas

Cuando se comparan cartas natales en sinastría, las casas 1ª, 5ª, 7ª y 8ª de la carta de cada persona son especialmente importantes. Estas casas están asociadas a las relaciones y la intimidad, por lo que, si alguno de los planetas de una persona cae en una de estas casas de la carta de su pareja o viceversa, puede considerarse un indicio de una relación más estrecha e íntima entre ambos.

La casa 1 (ascendente) es la más visible de la carta natal y se asocia con los comienzos, la identidad y la expresión personal. Esta casa puede representar cómo dos personas interactúan o se presentan la una a la otra en sinastría. Muestra cómo cada individuo interpreta el comportamiento del otro y qué tipo de impresión se hacen mutuamente cuando se conocen por primera vez. Esta casa también examina cómo ambos responden juntos a los retos de la vida y qué valores comparten.

La 5ª casa se asocia con la creatividad, la pasión, el placer, el romance y los hijos. En sinastría, esta casa examina el grado de pasión entre dos individuos y sus intereses comunes. Examina lo bien que se lo pasan cuando están juntos y lo bien que se compenetran sus emociones. También examina si se expresan de forma creativa el uno en relación con el otro y las posibilidades de tener hijos juntos.

La casa 7 (descendente) se asocia con la pareja y el compromiso. En sinastría, examina si dos individuos pueden ponerse de acuerdo en cuestiones importantes, como objetivos, valores o creencias, que formarán un fuerte vínculo entre ellos a lo largo del tiempo. Los aspectos entre planetas en esta casa indican lo dispuestas que están ambas personas a comprometerse por el bien de su unión en general. Por ejemplo, supongamos que Marte de una persona cae en la casa 7 de la otra. En ese caso, podría mostrar discusiones acaloradas o enfrentamientos entre ellos. Sin embargo, también podría significar que ambas personas están dispuestas a luchar la una por la otra por amor, en lugar de por miedo o resentimiento.

Por último está la casa 8, que examina la capacidad de dos personas para confiar profundamente el uno en el otro, explorando sus vulnerabilidades a puerta cerrada. Esto incluye la comprensión de los deseos y secretos ocultos del otro, así como la intimidad física, pero también va más allá de estos elementos, como abrirse a emociones que a uno le cuesta expresar en voz alta, como la tristeza o la ansiedad. Representa un vínculo casi sagrado entre dos personas en el que nada queda sin decir o sin realizar, aunque al principio pueda resultar incómodo para alguna de las partes. La casa 8 ofrece información sobre el nivel de confianza en una relación y sobre si ambas partes se sienten lo bastante seguras con la otra como para abrirse completamente sin juzgarse ni temer que se aprovechen de algo o lo utilicen en su contra más adelante.

Guía paso a paso para leer cartas sinastrales

Paso 1 - Comprender los conceptos básicos: Antes de leer una carta de sinastría, es importante comprender los conceptos básicos. Las cartas de sinastría son diagramas astrológicos que muestran cómo interactúan dos individuos. Observan cómo los signos zodiacales de cada individuo se influyen mutuamente y pueden utilizarse para comprender mejor las relaciones. Además, estas cartas comparan aspectos como planetas, signos y casas entre dos personas para identificar áreas potenciales de conflicto o armonía.

Paso 2 - Reunir datos: Para empezar a leer una carta sinastral, deberá reunir datos de las cartas natales de ambas personas. Necesitará la hora exacta y el lugar de nacimiento de cada persona para comparar con precisión sus respectivos planetas, signos y casas. Una vez que disponga de esta información, podrá elaborar una carta de sinastría con las posiciones de ambas personas representadas en un diagrama.

Paso 3 - Analizar los aspectos: La comparación de planetas, signos y casas se conoce como aspecto. Cada aspecto tiene su propio significado, que puede ayudar a arrojar luz sobre la dinámica de una relación entre dos personas. Los aspectos de dos personas pueden considerarse armoniosos o desafiantes dependiendo de su interpretación. Por ejemplo, un trígono (ángulo de 120 grados) podría indicar un fuerte entendimiento entre dos personas, mientras que una oposición (ángulo de 180 grados) podría significar tensión o conflicto.

Paso 4 - Interpretar las casas: Las cartas sinastrales también tienen en cuenta las posiciones de las casas de ambos individuos dentro de la carta. Estas casas representan diferentes áreas de la vida, como la carrera, los viajes o el amor y el romance, y pueden proporcionar más información sobre cómo se relacionan las dos personas en aspectos específicos. Al observar las colocaciones de las casas que se solapan entre las dos cartas, es posible obtener una visión de cómo esas áreas podrían manifestarse en la dinámica de la relación entre ellos.

Paso 5 - Buscar patrones: Al examinar una carta sinastrales, es útil buscar patrones en todos los aspectos que se comparan entre las cartas de las dos personas, en lugar de centrarse únicamente en las posiciones individuales. Esto significa buscar puntos en común, como múltiples aspectos difíciles que indiquen posibles desafíos en la relación o conexiones armoniosas que apunten hacia el entendimiento y la conexión. Al observar los patrones a través de múltiples aspectos, es más fácil hacerse una idea general de cómo estos dos individuos pueden interactuar entre sí, en lugar de limitarse a observar los elementos individuales por separado.

Paso 6 - Sacar conclusiones: Después de considerar todos estos factores, es posible empezar a sacar conclusiones sobre cómo estas dos personalidades podrían interactuar entre sí, basándose en sus respectivas cartas natales cuando se juntan en un formato de sinastría. Es importante analizar cada aspecto que se compara y pensar por qué pueden existir ciertas conexiones entre estos dos diagramas natales para extraer de ellos interpretaciones significativas. Esto le dará una idea de la dinámica entre estos dos individuos, lo que permitirá una mejor comprensión y comunicación en su relación en el futuro.

En general, es esencial que las personas implicadas en cualquier tipo de relación comprendan los aspectos significativos que se encuentran en la sinastría, ya que probablemente tendrán una gran influencia sobre su compatibilidad como pareja en el futuro. También es pertinente que presten atención a cualquier posible punto de desafío planteado por conexiones planetarias duras. De este modo, podrán ser conscientes de los obstáculos que tendrán que superar si deciden llevar su relación de pareja al siguiente nivel, sea lo que sea lo que implique para ellos individualmente o colectivamente como unidad.

La compleja dinámica del amor y las relaciones humanas puede comprenderse mejor a través de la sinastría. Puesto que nada afecta tan profundamente a nuestras vidas como nuestro contacto con los demás, la sinastría debe abordarse con minuciosidad y mente abierta. Considere todos los aspectos de la sinastría para obtener una evaluación precisa de una relación.

Capítulo 5: Aries y Tauro

Aries es un signo de fuego y Tauro es un signo de tierra; ambos difieren más de lo que se parecen. Este capítulo analiza los dos primeros signos del zodíaco, presenta sus puntos fuertes y débiles, y cómo influyen en su personalidad, como signos solares, lunares, ascendentes y descendentes. Esta información es el primer paso para explorar su compatibilidad con el resto del zodíaco.

Aries
Image by Dorothe from Pixabay https://pixabay.com/illustrations/star-sign-aries-horoscope-design-4374404/

Aries

Glifo

Un glifo o símbolo de Aries son los cuernos curvados de un carnero que representan las principales características del signo. Los cuernos simbolizan la personalidad de Aries de tomar las riendas y no dejar que nada se interponga en su camino. Estas personas utilizan sus "cuernos" para hacer frente a los retos u obstáculos. Al igual que los carneros, conocidos por su comportamiento agresivo, las personas de Aries tienen un temperamento malo y explosivo.

Los carneros tienen una historia sagrada. En el antiguo Egipto, vivían en templos y estaban asociados a los dioses, lo que hace a Aries merecedor de su lugar como el primero de los signos del zodiaco. El carnero es un símbolo de poder, una de las principales características que definen a Aries. Muestra la personalidad ardiente, imparable y obstinada de Aries.

El carnero simboliza la capacidad de Aries para conseguir cualquier cosa que se proponga y ser ambicioso. Los cuernos se asocian a la "cornucopia" (el cuerno de la abundancia en la mitología griega), que relaciona al signo con la fertilidad y la abundancia.

Fechas

Del 21 de marzo al 19 de abril

Frase clave

"Yo soy"

Estas palabras son adecuadas para el primero de los signos del zodiaco. Demuestran que Aries es consciente de su individualidad, de quién es realmente y de que cree firmemente en sí mismo. Al igual que el carnero, Aries es un líder que siempre toma las riendas. Cuando su lado competitivo toma el control, puede ganar cualquier competición o reto al que se enfrente. Este atributo les convierte en líderes que desarrollan su propia definición del éxito y de lo que quieren ser. "Yo soy..." y lo que venga después refleja su identidad única y verdadera.

Puntos fuertes

- Cabeza dura
- Valiente

- Intrépido
- Poderoso
- Asertivo
- Directo
- Inocente
- Independiente
- Fuerte sentido de la justicia
- Indulgente

Los individuos Aries tienen un lado competitivo y el deseo de ganar. De ahí que tengan éxito en todos sus empeños. Siempre avanzan en sus carreras, y como no les gusta recibir órdenes de nadie, los Aries trabajan duro hasta convertirse en jefes o directores generales o crear sus propias empresas. Los Aries nunca rehúyen los retos, les encantan. Los retos les resultan apasionantes y son una vía de escape perfecta contra el aburrimiento y la rutina.

Como primer signo del zodíaco, Aries ha nacido para liderar, no para seguir. Tiene dotes de liderazgo y una fuerza que inspira a la gente. Es un individuo seguro de sí mismo y valiente, Aries suele tomar la iniciativa y dirigir a los demás. Aunque le falte experiencia, la gente suele confiar en Aries para manejar cualquier situación.

Los Aries son personas muy enérgicas y apasionadas, y su entusiasmo suele contagiarse a las personas que forman parte de su vida. Actúan como modelos para sus seres queridos y les empujan a lograr sus objetivos, superar los retos y vivir la vida de sus sueños. La gente suele gravitar hacia Aries por su personalidad magnética, positiva e interesante. Aportan emoción dondequiera que vayan, ya sea en una fiesta aburrida o en el trabajo, Aries hará que cualquier cosa sea divertida.

Se enfrentan a todo con el corazón lleno, ya sea con todo o sin nada. Tienen entusiasmo por la vida; se nota en sus actos. Una vez que deciden hacer algo, nada ni nadie puede detenerles. Tienen la pasión, el coraje y la fuerza para alcanzar sus objetivos. La palabra imposible no existe en su diccionario.

Con un fuerte sentido de la justicia y una personalidad argumentativa, defenderán a sus seres queridos frente a cualquiera que los maltrate. Un Aries nunca aceptará una injusticia y hará lo que sea necesario para arreglar las cosas.

Aunque tienen mal genio, los Aries perdonan rápidamente y no guardan rencor. Si quiere una opinión sincera, pregúntele a Aries. Son directos y dicen las cosas como son. Aries no endulza la verdad, un rasgo que mucha gente aprecia. Como signo de fuego, es audaz e intrépido. Se lanzan a cualquier cosa sin pensarlo, un rasgo que algunos consideran una fortaleza, mientras que otros lo encuentran una debilidad.

Debilidades
- Mal humor
- Agresivo
- Controlador
- Egocéntrico
- Egoísta
- Ruidoso
- Contundente
- Impaciente
- Prepotente
- Impulsivo
- Cambios de humor
- Inconsistente
- Arrogante

Tercos y agresivos, los Aries pueden ser difíciles y frustrar a quienes les rodean. No todo el mundo es tan competitivo como ellos, lo que puede provocar muchas discusiones y roces en sus relaciones. Individuos arrogantes, los Aries quieren que todas las miradas estén puestas en ellos, ya que ansían llamar la atención. Aunque algunas personas aprecian el entusiasmo de Aries, otras pueden encontrarlo abrumador. Aries odia el aburrimiento y disfruta agitando las cosas en situaciones sociales. Sin embargo, las personas tranquilas que prefieren un entorno estable no siempre aprecian su entusiasmo constante. Como signo de fuego, Aries puede ser impulsivo y propenso a perder los estribos.

A veces, tienen una actitud de "a mi manera o en la carretera", especialmente en el trabajo. Su competitividad y su voluntad de hacer cualquier cosa para alcanzar sus objetivos pueden hacer que parezcan egoístas. Tampoco tienen paciencia con las personas que carecen de motivación o iniciativa. Aunque algunas personas aprecian su personalidad contundente, otras desearían que Aries fuera más diplomático.

Aries es una persona impulsiva que suele actuar sin pensar y tomar decisiones precipitadas y equivocadas. No tienen en cuenta las consecuencias de sus actos, lo que puede acarrearles problemas. Aries puede ser caliente y frío e impulsivo en sus relaciones. Puede enamorarse rápidamente y desenamorarse sin previo aviso, confundiendo a su pareja.

Molestias

Las personas impacientes, la mayor manía de Aries es esperar. Odian hacer cola, caminar detrás de una persona lenta, quedarse atrapados en un atasco, esperar para sentarse en un restaurante o cualquier cosa que ponga a prueba su paciencia. No soportan a las personas que les frenan, les impiden alcanzar sus objetivos o interfieren en sus decisiones impulsivas.

Aries no soporta los comportamientos pasivo-agresivos, que considera mentirosos. Prefieren que los demás expresen sus quejas, aunque ello les lleve a una gran pelea. Individuos positivos, Aries no puede tolerar la negatividad de la agresión pasiva.

Planeta regente

Aries está regido por Marte. En la mitología romana, Marte era el dios de la guerra y representa a la perfección el lado guerrero, valiente e intrépido de Aries. Marte es el planeta de la acción, la iniciativa, la pasión y la energía, todos rasgos que describen a un Aries. La confianza de Aries en sus capacidades y la creencia de que no hay nadie mejor para hacer el trabajo son el resultado del impacto de Marte. La planta roja y ardiente influye en la impulsividad, la intensidad, la pasión, el temperamento ardiente y la actitud de tomar las riendas de Aries. Marte les proporciona la capacidad de liderazgo y la energía que les impulsa a cumplir sus objetivos y les hace imparables ante los retos.

Aries como signo solar

Como signo solar, Aries motiva e inspira a otros signos del zodiaco para que crezcan. Son personas serviciales que orientan y aconsejan a sus amigos y compañeros de trabajo. Les encanta ser el número uno y que les lluevan los cumplidos y los elogios. Aries le ayudará siempre que no interfiera con sus objetivos. Sin embargo, son propensos a los celos cuando otros avanzan por encima de ellos.

Disfrutan persiguiendo al objeto de su afecto. Los Aries son atrevidos y coquetos y no dudan en expresar sus sentimientos. Sin embargo, se aburren con la rutina que suele acompañar a las relaciones. Harán lo que sea para recrear la vieja magia. Puede ser cualquier cosa, desde preparar una agradable sorpresa hasta crear un drama. El signo solar Aries es compatible con Leo, Sagitario, Libra, Piscis, Virgo y Géminis. Es menos compatible con Cáncer, Capricornio, Tauro, Aries, Escorpio y Acuario.

Aries como signo lunar

Los Aries lunares son personas creativas, optimistas e inteligentes. Tienen un plan para cada aspecto de sus vidas, como avanzar en sus carreras o hacer que sus relaciones funcionen. Creen que pueden lograrlo todo. Sin embargo, pueden frustrarse si no consiguen sus objetivos. Cuando su competitividad se apodera de ellos, no pueden evitar sentirse celosos y hacen lo que sea para ganar. Ansían la emoción y la novedad y se sienten cómodos en situaciones nuevas, en un entorno competitivo o en cualquier cosa que les produzca un subidón de adrenalina.

La Luna de Aries aporta pasión a las relaciones. Aunque tenga un carácter tranquilo o introvertido o un signo solar poco aventurero o frío, seguirá siendo apasionado, aunque sea por dentro. Tendrá un temperamento ardiente y explosivo que se traduce en discusiones y gritos intensos.

La luna de Aries es más compatible con las lunas de Sagitario, Leo, Aries, Libra, Acuario y Géminis. Es menos compatible con las lunas de Tauro, Cáncer, Virgo, Escorpio, Capricornio y Piscis.

Aries como signo ascendente

Si Aries es su signo ascendente, usted es una persona independiente, obstinada y valiente. Es probable que la mayoría de la gente se sienta intimidada por su poderosa presencia. Prefiere pedir perdón antes que permiso, por lo que actúa primero y se disculpa después. Un signo ascendente Aries tiene fuertes instintos que nunca le fallan.

Los ascendentes de Aries son compatibles con Sagitario, Leo y todos los ascendentes de fuego y aire. Son menos compatibles con Virgo, Piscis y todos los signos ascendentes de tierra y agua.

Aries como signo descendente

Los descendientes de Aries son lo opuesto al zodíaco de Aries. No son tan audaces y dejarán que otros den el primer paso, especialmente en las relaciones románticas. Causar una buena primera impresión es importante para ellos, por lo que suelen prestar atención a su aspecto y comportamiento con los demás y se visten para impresionar. Son muy tranquilos y pacientes, pero les cuesta tomar decisiones.

En las relaciones, quieren a alguien que pueda inspirarles y sacar la mejor versión de sí mismos.

Tauro

Tauro
https://openclipart.org/detail/233294/taurus-2

Glifo

El glifo de Tauro es un círculo de una cabeza de toro y sus cuernos curvados. El toro simboliza la naturaleza lenta y firme de Tauro. Al igual que su símbolo, Tauro es intenso, apasionado, poderoso, tenaz, fuerte y tranquilo. Sin embargo, puede tener un temperamento destructivo como un toro furioso si se le provoca. Por ello, se desenvuelven bien en ambientes tranquilos. Tienen una "cabeza de toro" que les empuja a conseguir sus objetivos. Al igual que el toro lento, son individuos muy pacientes a los que no les gusta que les metan prisa.

Fechas

Del 20 de abril al 20 de mayo

Frase clave

"Tengo"

Los Tauro son individuos con los pies en la tierra que se centran en el mundo real en lugar de tener la cabeza en las nubes. Respetan todo lo que les ofrece el mundo físico y creen en el poder de la propiedad. Los individuos Tauro suelen ser conscientes de todas sus posesiones. Tienen un lado materialista y disfrutan comprando cosas nuevas y viviendo vidas lujosas. A un Tauro le encanta decir: "Tengo coche nuevo, teléfono nuevo, ropa nueva, etc.".

Puntos fuertes

- Confiable
- Cabeza fría
- Duradero
- Impulsivo
- Persistente
- Decidido
- Firme
- Tenaz
- De buen gusto
- Sólido
- Paciente
- Responsable
- Comprometido
- Generoso

Los Tauro son personas fiables y leales. Tranquilos y pacientes, se toman su tiempo antes de decidir o actuar. Por ello, suelen acertar y se les considera personas sensatas. Les gusta hacer las cosas a su ritmo y no ven el sentido de las prisas. Los Tauro son conscientes de que para obtener los mejores resultados hace falta tiempo. Ya sea en su vida amorosa o profesional, a los Tauro no les importa esperar. Respeta las necesidades de los demás y les da tiempo y espacio para tomar sus propias decisiones. Decididos, los Tauro hacen las cosas, logran sus objetivos y atan cabos sueltos.

Les gusta llevar una vida lujosa, por lo que trabajan duro para permitirse el estilo de vida que anhelan. Sin embargo, también son inteligentes con el dinero y lo invierten para asegurar su futuro. Los Tauro son personas divertidas a las que les gusta reír y pasar tiempo con sus seres queridos. Aunque les encanta mimarse, los Tauro saben cuándo es el momento de divertirse y cuándo de replegarse y centrarse en el trabajo.

Los Tauro son estables y siempre tienen los pies en el suelo, lo que les hace predecibles. Sin embargo, no son personas aburridas, sino que siempre dan la cara por los demás y cumplen su palabra. La gente siempre puede confiar en un Tauro porque son personas fiables. Son extremadamente leales y siempre estarán ahí para sus seres queridos.

Son personas tranquilas que evitan el estrés y disfrutan de la relajación. A la gente le encanta pasar tiempo con ellos porque son relajados y saborean cada momento. En cuanto a sus objetivos, no hay nadie más centrado y decidido que un Tauro. Harán lo que sea necesario para alcanzar sus objetivos y suelen tener mucho éxito. Tanto si se trata de personas como de trabajo, los Tauro están comprometidos y nunca renuncian a los deseos de su corazón.

Puntos débiles
- Testarudo
- Posesivo
- Estrecho de miras
- Egoísta
- Indulgente
- Incapacidad para cambiar
- Materialista
- Glotón
- Fanático

Los Tauro, al igual que sus símbolos animales, son muy testarudos. Prefieren un entorno estable y se resisten mucho al cambio. Intentar convencer a un Tauro de que se adapte a algo es agotador porque se resistirán o aceptarán a su ritmo, lo que puede frustrar a sus compañeros de trabajo y amigos. Una vez que se proponen algo o toman una decisión, es imposible disuadirles. Puede crear discordia en su vida profesional y personal. Su amor por la estabilidad es un arma de doble filo, ya que puede impedirles asumir riesgos o probar cosas nuevas.

Son perfeccionistas y se exigen mucho a sí mismos. Sin embargo, si su trabajo no es lo suficientemente bueno, se martirizan por ello. Pacientes y tranquilos, los Tauro no se enfadan fácilmente, pero cuando lo hacen pueden tener un comportamiento agresivo o destructivo. De mente estrecha, los Tauro no aceptan las opiniones ni los puntos de vista de los demás. Siempre deben hacer las cosas a su manera porque cualquier otra forma es incorrecta.

Los Tauro son sobreprotectores de sus relaciones y pertenencias, lo que puede convertirlos en posesivos. La posesividad les permite mantener el control de las situaciones y evitar cambios y sorpresas no deseadas. En las relaciones, pueden volverse demasiado apegados y muy confiados desde el principio, lo que les lleva a depender de los demás.

Su incapacidad para cambiar, su amor por la comodidad y su actitud relajada pueden hacer que los Tauro sean propensos a la pereza. Se quedan estancados en su zona de confort y se resisten a cualquier oportunidad de crecer. Su sobreprotección, posesividad y testarudez les hacen parecer egocéntricos y egoístas.

Molestias

A los Tauro no les gusta que les metan prisa ni que les den un proyecto con un plazo muy corto. Pueden estancarse y cerrarse en banda cuando no pueden hacer las cosas a su propio ritmo. La falta de sentido práctico es otra de las manías que frustran a los Tauro. Les gusta tener un plan, un calendario y la información necesaria para hacer las cosas. No ven con buenos ojos a los imprudentes que no planifican con antelación. Por ejemplo, a los Tauro les molestan las personas que siempre salen de casa con el móvil descargado. Lo consideran un comportamiento imprudente e irresponsable.

Planeta regente

Venus es la diosa del amor y la belleza en la mitología romana. Venus, el planeta del placer y el lujo, rige a Tauro. Este planeta refuerza la naturaleza sensual de Tauro, su carácter materialista, su indulgencia y sus gustos caros. Influye en la personalidad generosa, armoniosa y afectuosa de Tauro. Los Tauro se inclinan por las bellas artes, los perfumes agradables, la comida deliciosa y todo lo que despierte sus sentidos. Venus anima a los Tauro a mimarse y a disfrutar de las cosas buenas de la vida. Como Venus es la diosa del amor, impulsa a los Tauro a comprometerse y ser leales en sus relaciones. Las personas Tauro deben agradecer a Venus su personalidad encantadora, creativa y simpática.

Tauro como signo solar

Los Tauro son muy trabajadores y solo se esfuerzan y dedican tiempo a cosas gratificantes. Prefieren carreras artísticas y creativas que fomenten la autoexpresión y la independencia. Además de trabajar duro, los Tauro también juegan duro. Se toman largos descansos para centrarse en su bienestar y el cuidado de sí mismos y relajarse, y probablemente por eso tienen fama de perezosos.

Los Tauro prosperan cuando están enamorados. Prefieren la estabilidad y la comodidad de una relación. Gracias a su naturaleza tranquila, los Tauro prefieren un entorno pacífico alejado de conflictos y dramas.

Las personas de signo solar Tauro son más compatibles con Capricornio, Virgo, Escorpio, Tauro, Géminis, Cáncer y Piscis. Son menos compatibles con Acuario, Leo, Aries, Libra y Sagitario.

Tauro como signo lunar

Los Tauro lunares creen que se merecen lo mejor de todo. Suelen recompensarse a sí mismos tras terminar un gran proyecto o hacer ejercicio y dieta durante una semana. Individuos seguros de sí mismos, los luna en Tauro suelen confiar en su voz interior y se dejan llevar por sus instintos. Su mayor temor es la incertidumbre, especialmente en las relaciones. Si tienen que trasladarse, romper con su pareja o dejar su trabajo, la Luna de Tauro luchará y se sentirá perdida.

En cuanto al cuidado personal, los Tauro saben mimarse. Pasarán el día en el balneario, se deleitarán con una comida lujosa o comprarán velas perfumadas de lujo. Lo más probable es que se queden con lo que elijan, ya que no les gusta probar cosas nuevas.

La luna en Tauro es compatible con las lunas de Tauro, Cáncer, Virgo, Escorpio, Capricornio y Piscis. Son menos compatibles con las lunas de Aries, Géminis, Leo, Libra, Sagitario y Acuario.

Tauro como signo ascendente

Estas personas son de carácter fuerte, fiables y feroces. Son personas activas a las que les gusta estar ocupadas y crear cosas nuevas. Disfrutan con actividades como tejer, cocinar o trabajar en el jardín. Los ascendentes de Tauro prefieren rodearse de personas que comprendan su necesidad de tomarse las cosas con calma. Una vez que confían en alguien, establecen una conexión con él. Los ascendentes de Tauro son compatibles con Piscis, Virgo, Capricornio, Cáncer, Tauro y Escorpio. Son menos compatibles con Libra, Aries y otros signos de aire y fuego.

Tauro como signo descendente

Los descendentes en Tauro son misteriosos, intensos y apasionados. Las personas tradicionales nacidas bajo este signo se preocupan por las ocasiones especiales, las fiestas y los aniversarios. Prefieren rodearse de alguien con una ética, valores y creencias similares. Son propensos a los celos y al orgullo, lo que puede afectar a sus relaciones. A los descendentes en Tauro les atraen las parejas bellas para presumir ante los demás. Quieren estar con alguien en quien puedan confiar y con quien puedan ser ellos mismos.

Aries y Tauro son diferentes en muchos aspectos y pueden parecer opuestos. Sin embargo, estos dos aún pueden ser compatibles, ya que los opuestos se atraen. Sin embargo, no todos los signos son diferentes, como Aries y Tauro; algunos comparten muchas similitudes.

Capítulo 6: Géminis y Cáncer

Géminis es un signo de aire y Cáncer es un signo de agua. Mientras que Géminis es el alma de la fiesta y disfruta socializando los fines de semana, Cáncer es una persona hogareña que prefiere una noche tranquila en casa.

En este capítulo trataremos el tercer y cuarto signo del zodiaco para que pueda decidir si son compatibles.

Géminis

Géminis
https://openclipart.org/detail/233277/gemini-2

Glifo

El glifo de Géminis representa el número romano II, que representa a las famosas estrellas gemelas Cástor y Pólux. Estas estrellas simbolizan la dualidad de Géminis. Los gemelos representan su creatividad, ingenio y gran capacidad de comunicación. También simbolizan la personalidad indecisa de Géminis, ya que a menudo cambia de opinión. La dualidad de los gemelos pone de manifiesto el intercambio de ideas que suele asociarse a este signo. Adaptable y flexible, Géminis a veces puede confundir a la gente haciéndole creer que tiene dos personalidades diferentes.

Los gemelos también representan la dualidad de muchas mujeres Géminis. Pueden ser cariñosas, dulces y apasionadas, pero de repente se vuelven frías y distantes. No es fácil entender a un Géminis debido a su doble personalidad; sin embargo, esta dualidad es una cualidad única que no posee ningún otro signo del zodiaco.

Los pilares en la parte superior e inferior del glifo significan la unidad entre la intuición y el intelecto. También apuntan en distintas direcciones, simbolizando el funcionamiento del cerebro de Géminis. Las personas nacidas bajo este signo suelen rebotar de una idea a otra y tienen varios deseos que cumplir.

Fechas

Del 21 de mayo al 20 de junio

Frase clave

"Pienso"

La comunicación, las ideas y los pensamientos definen a este signo. La mente de un Géminis nunca deja de pensar. Se entretienen con muchos pensamientos porque creen que no hay nada más poderoso que tener una mente curiosa. Los géminis son conocidos por su intelecto, lo que hace que la frase "pienso" les quede bastante bien.

Puntos fuertes

- Comunicativo
- Inteligente
- Creativo
- Conectado
- Adaptable

- Perspicaz
- Inquisitivo
- Flexible
- Versátil
- Conocedor
- Ágil
- Atento

Encantadores y sociables, los Géminis son grandes conversadores que atraen a la gente con su ingenio y carisma. Son divertidos, tienen una personalidad magnética y suelen tener muchos amigos. Los Géminis no son personas emocionales. Les preocupan más los pensamientos y las ideas que los sentimientos. Al igual que Aries, los Géminis no toleran el aburrimiento, por lo que siempre se les ocurren cosas divertidas que hacer.

Gracias a su naturaleza curiosa, los Géminis están muy bien informados. Les gusta aprender sobre diversos temas, por lo que parecen inteligentes e interesantes. Sin embargo, sus conocimientos suelen ser superficiales. Quieren aprender sobre muchas cosas, por lo que saltan de un tema a otro antes de comprenderlo del todo.

Creativos e ingeniosos, los Géminis pueden convertirse en empresarios y periodistas de éxito. Son personas que asumen riesgos y nunca rehúyen los retos. Los Géminis tienen facilidad de palabra y pueden expresar fácilmente sus pensamientos y evitar malentendidos. Debido a su dualidad, pueden ver los dos lados de una discusión.

Los Géminis quieren vivir la vida al máximo. Despreocupados y flexibles, siempre están dispuestos a la aventura. Les gustan las situaciones nuevas porque aprenden rápido y quieren mantenerse ocupados. Sin embargo, si la actividad no es estimulante, perderán el interés.

Los Géminis son los empleados perfectos. Son multitarea, inteligentes e inventivos; saben pensar con la cabeza fría y manejar con calma las situaciones difíciles. Son capaces de resolver problemas, de contemplar una situación desde diferentes perspectivas y de desarrollar soluciones innovadoras.

Los nacidos bajo este signo son conocidos por su sentido del humor. Seguras de sí mismas, inteligentes e ingeniosas, siempre están preparadas para una respuesta divertida. Los Géminis atraen a la gente por su carisma natural y su personalidad misteriosa.

Los Géminis son muy enérgicos y no les gusta estarse quietos. Les gusta viajar y explorar el mundo. Su personalidad enérgica se contagia a sus amigos y familiares, que siempre se muestran entusiasmados por acompañar a los Géminis en sus aventuras.

Puntos débiles
- Superficial
- Hablador
- Inconsistente
- Exagerado
- Astuto
- Inquieto
- Engañoso
- Desorganizado

Aunque su dualidad les hace intrigantes, puede frustrar a quienes les rodean porque pueden cambiar de personalidad en cualquier momento. Como los Géminis solo se centran en el lado racional de las cosas, pueden parecer fríos e impasibles. Tienen poca capacidad de atención y pueden hacer malabarismos con muchos proyectos a la vez sin terminar ninguno. Los Géminis se aburren con facilidad y carecen de la disciplina necesaria para llevar a cabo cualquier cosa.

La autoestima es importante para los Géminis; quieren destacar allá donde van. Utilizan su encanto y carisma para inventar historias sobre sí mismos o exagerar la verdad. Si un Géminis no es el centro de atención, se marchará, lo que le hace parecer egoísta.

A los Géminis no solo les aburren los temas o los proyectos, sino también las personas. Muchas de sus relaciones son superficiales porque no se toman el tiempo necesario para conocer a alguien o mantener conversaciones profundas con él. Tener una relación con un Géminis no es fácil. Son indecisos y les cuesta comprometerse. Un día pueden estar locamente enamorados de alguien, pero poco después pierden el interés.

Los Géminis son muy inteligentes, lo que puede traer problemas a los demás. Pueden entender y leer fácilmente a las personas y utilizar sus dones para manipularlas y salirse con la suya. Al principio, un Géminis puede ser amable y conquistarle. Sin embargo, tienen intenciones ocultas. Por ejemplo, su compañero de trabajo Géminis le trae un regalo o le seduce para que trabaje un turno extra y así poder irse antes. Un Géminis también recurrirá a la mentira si ello le beneficia a la hora de alcanzar sus objetivos u obtener lo que desea de los demás.

Las personas nacidas bajo este signo pueden ser taimadas. Utilizan su doble personalidad e inteligencia para jugar y engañar a los demás. Los Géminis mantendrán una personalidad mística para que la gente no los conozca. Sin embargo, su comportamiento no solo afecta a los demás. También les afecta a ellos. Poco fiables e impulsivos, a menudo pueden meterse en problemas.

A los Géminis les cuesta tomar decisiones porque suelen ver todos los lados de una situación y suelen tomarse su tiempo para sopesar sus opciones antes de decidir. Aunque esto frustra a los demás, este proceso beneficia a los Géminis, ya que suelen tomar las decisiones correctas. Los nacidos bajo este signo quieren experimentarlo todo en la vida, por lo que se precipitan sin tener en cuenta las consecuencias.

Molestias

Nunca interrumpa a un Géminis. Estos expertos y grandes conversadores siempre tienen algo interesante que decir. Pueden enfadarse un poco si se les interrumpe o se interpone su opinión. Los Géminis consideran groseras las interrupciones y a menudo olvidan lo que están diciendo.

Planeta regente

Géminis está regido por Mercurio, descrito como el planeta de la comunicación, un ajuste perfecto para este signo. En la mitología romana, Mercurio era el dios de los intérpretes y el mensajero de los dioses, de ahí su asociación con la comunicación. Mercurio influye en Géminis para que se exprese y comparta sus opiniones. Les anima a aprender y a ampliar sus conocimientos.

Géminis como signo solar

Tener a Géminis como signo solar significa que posee una personalidad diplomática y puede actuar como un excelente intermediario entre grupos. Los Géminis son personas optimistas que apoyan e inspiran a los demás para que tengan éxito y den lo mejor de sí mismos. Son personas divertidas que quieren que todo el mundo participe y se lo pase bien. Si los Géminis solares consiguen una carrera que les guste, pueden ser adictos al trabajo. No les importa el trabajo extra siempre y cuando tengan éxito y avancen en sus carreras.

Estos individuos pueden ser jugadores y saltar de una relación a otra. Sin embargo, cuando encuentran a su media naranja, alguien tan inteligente y capaz de mantener una conversación con ellos, se comprometen a largo plazo. Géminis está representado como gemelos, lo que indica cómo valoran las relaciones de pareja. Los Géminis comprometidos son muy cariñosos y leales.

Son compatibles con Libra, Leo, Acuario y los signos de aire y fuego. Son menos compatibles con Piscis, Virgo, Sagitario y otros signos de agua y tierra.

Géminis como signo lunar

Las personas de Luna en Géminis necesitan expresar sus emociones hablando o escribiendo. Suelen tener dificultades con las situaciones dramáticas o desafiantes. Las personas de Luna en Géminis tienen una alta autoestima e incluso presumen y exageran. Pueden estar de mal humor y confundidos por sus propios sentimientos. Son muy amables y los demás disfrutan de su compañía. Sin embargo, les cuesta abrirse a los demás y mostrarse vulnerables. Quieren parecer misteriosos y fascinantes porque temen que su verdadera personalidad aleje o decepcione a sus seres queridos.

Son compatibles con las lunas en Sagitario, Leo, Libra, Acuario, Géminis y Aries. Son los menos compatibles con las lunas de Piscis, Cáncer, Escorpio, Virgo, Capricornio y Tauro.

Géminis como signo ascendente

Si Géminis es su signo ascendente, sabe qué decir en cualquier situación y cuándo guardar silencio y dejar hablar a los demás. En el trabajo, estas personas pueden trabajar fácilmente solas o en equipo. Sin embargo, podrían alejarse si sus compañeros de equipo no escuchan o respetan sus opiniones. Cuando se enamoran, no se cansan de escuchar a su pareja y de aprender todo sobre ella.

Los ascendentes Géminis son compatibles con los ascendentes Libra, Acuario, Leo, Sagitario y Aries. Son los menos compatibles con Cáncer, Piscis y los signos de tierra.

Géminis como signo descendente

Los descendentes en Géminis aman su libertad y odian sentirse confinados o controlados en una relación o en un trabajo. En las relaciones, pueden ser posesivos y recurrir a la mentira. Estos individuos suelen ver el panorama general, pero se pierden los detalles. Una pareja igual de inteligente les abrirá los ojos sobre las cosas a las que no prestan atención y podrán aprender el uno del otro. Buscan parejas intelectualmente estimulantes con habilidades comunicativas similares. Los descendientes de Géminis quieren estar rodeados de personas creativas que mantengan las cosas emocionantes.

Son más compatibles con los signos de Aire.

Cáncer

Cáncer

Image by Dorothe from Pixabay https://pixabay.com/illustrations/star-sign-cancer-horoscope-design-4374406/

Glifo

Algunas personas piensan que el glifo de Cáncer es el número 69 o dos seises opuestos. Sin embargo, representa las pinzas del cangrejo. La palabra "Cáncer" significa cangrejo en latín, y representa perfectamente a las personas nacidas bajo este signo. Los cangrejos son duros por fuera, pero suaves por dentro. Del mismo modo, los Cáncer son fieros protectores de sus seres queridos, pero muy amables y compasivos. Los cangrejos utilizan sus pinzas para aferrarse a las cosas. Asimismo, a los Cáncer les gusta permanecer en su zona de confort y odian tomar un camino diferente.

Fechas

Del 21 de junio al 22 de julio

Frase clave

"Siento"

Los Cáncer sienten sus emociones más profundamente que otros signos. Son personas empáticas que pueden sentir y relacionarse fácilmente con los demás. Los Cáncer suelen conocer sus emociones y pueden expresarlas con facilidad, por lo que "siento" les viene como anillo al dedo.

Puntos fuertes

- Nutritivo
- Curativo
- Entusiasta
- Compasivo
- Ajustable
- Solidario
- Sociable
- Cariñoso

Los Cáncer son personas extremadamente maternales, cariñosas y afectuosas. Son muy leales a sus seres queridos y se toman muy en serio sus relaciones y amistades. Compasivos, los Cáncer aman incondicionalmente y prefieren la comodidad de las relaciones y estar rodeados de personas en las que confían. Cuando se encuentre en apuros, su amigo Cáncer se apresurará a acudir a su lado. Aunque estén ocupados, nada se antepone a sus seres queridos. Son personas generosas que disfrutan compartiendo todo lo que tienen con sus amigos y familiares. Si una amistad o una relación se acaba, se les rompe el corazón.

Tienen un sentido del humor que algunas personas no entienden porque los Cáncer pueden encontrar un lado divertido en cualquier situación, incluso cuando los demás no lo ven. Cáncer sabe cómo hacer reír a sus amigos y aligerar el ambiente en situaciones difíciles. Cáncer es el único signo que puede aliviar el dolor de las personas ofreciéndoles consuelo y un oído comprensivo. Su naturaleza empática les hace estar en sintonía con las emociones de los demás y saben lo que necesitan en los momentos de dolor. Cálidos y compasivos, los Cáncer se preocupan de verdad por los demás.

Ya sean consejos o un hombro sobre el que llorar, los Cáncer siempre apoyarán a sus seres queridos. Hacen que los demás se sientan seguros, cuidándoles y protegiéndoles, sobre todo cuando tienen dificultades. A diferencia de los Géminis, los Cáncer están comprometidos con las relaciones. Desinteresados, anteponen las necesidades de los demás a las suyas propias.

Los Cáncer son muy creativos y tienen una imaginación muy vívida. Ven el mundo de forma diferente y suelen desarrollar ideas o soluciones únicas. Cuando se les asigna un proyecto o una tarea, los Cáncer no cejan en su empeño hasta terminarla. Ambiciosos y decididos, trabajan duro para tener éxito y progresar personal y profesionalmente. Aunque no lo parezca, los Cáncer tienen grandes dotes de liderazgo y nunca rehúyen los retos.

Los Cáncer no olvidan; esto no significa que guarden rencor, pero pueden recordar detalles sobre los demás y a menudo rememoran su pasado. Hacen caso a su intuición y no prestan demasiada atención al lado racional de una discusión. Algunas personas creen que los Cáncer son videntes por su capacidad para leer a los demás. Sin embargo, no son más que intuitivos con una gran inteligencia emocional. Es difícil engañar a un Cáncer porque sabe lo que piensan los demás.

Puntos débiles

- Emocional
- Dependiente
- Irracional
- Malhumorado
- Desorganizado
- Indirecto
- Perezoso
- Pasivo agresivo
- Engreído
- No sabe soltarse

En las relaciones, los Cáncer pueden ser muy necesitados. Desean constantemente la atención de su pareja, lo que les convierte en dominantes y pegajosos. Los Cáncer son muy devotos de sus seres queridos, pero temen el abandono. Harán lo que sea para evitar que su pareja o amigo se vaya y a veces recurrirán a la mentira.

Aunque son personas que perdonan, los Cáncer nunca olvidan y les cuesta dejar atrás el pasado. Pueden perdonarle por haberles hecho daño, pero nunca olvidarán el dolor que les causó. Los Cáncer no sacarán el tema durante una discusión, pero aliviarán el dolor y reabrirán la herida cuando estén solos. Como los cangrejos, los Cáncer se refugian en su caparazón (soledad) cuando alguien les insulta o hiere sus sentimientos. Sin embargo, nunca le dirán que sus sentimientos están heridos. Los Cáncer quieren parecer duros y ocultar su lado sensible, pero eso les hace parecer malhumorados. Pueden enfadarse de repente o arremeter contra los demás, confundiendo a la gente. Sin embargo, esta frustración es el resultado de sus sentimientos heridos. Por eso se convierten en personas reservadas que ocultan al mundo su lado vulnerable.

Su naturaleza empática también influye en su estado de ánimo. En un momento dado, se muestran amables y habladores y, de repente, se callan y quieren que les dejen en paz. Son personas muy sensibles, siempre atentas a su entorno. Pueden sentirse abrumados por algo que los demás ni siquiera perciben. Los Cáncer son personas inseguras que se obsesionan con la opinión que los demás tienen de ellos. Dependen de los demás y confían en ellos para tomar decisiones, ya que suelen dudar de sí mismos.

Este signo amable y dulce tiene un lado oscuro. Los Cáncer pueden ser manipuladores y recurrir a la agresión pasiva o a la culpabilización para conseguir lo que quieren. Si alguien amenaza su seguridad, recurrirán a la manipulación para controlar la situación. Si se cruza con un Cáncer, primero entenderán y verán las cosas desde su perspectiva. Sin embargo, si esto no funciona o si se vuelve a cruzar en su camino, pueden ser muy vengativos.

Molestias

Los Cáncer son personas cariñosas y con buena memoria, por lo que nunca olvidarán aniversarios, cumpleaños o cualquier fecha importante. Sin embargo, les irrita que otros lo olviden. Les duele que un amigo olvide su cumpleaños o que su pareja olvide un aniversario. Incluso pueden dejar de hablar con ellos. Aunque son devotos de sus seres queridos, recuperar a un Cáncer enfadado es muy difícil.

Planeta regente

La Luna rige a Cáncer. Al igual que la luna influye en las mareas, también influye en sus emociones, por lo que lo sienten todo profundamente. La Luna es considerada una figura maternal celestial, lo que refuerza el lado cariñoso y nutritivo de Cáncer. Las personas nacidas bajo este signo valoran su vida familiar y hogareña y proporcionan a sus seres queridos confort y seguridad.

Cáncer como signo solar

Los Cáncer no solo trabajan para tener éxito. Quieren ganar suficiente dinero para mantener a su familia. Aunque son muy trabajadores, encontrarán tiempo para relajarse y cuidar de sí mismos. El mal humor de los Cáncer puede afectar a sus relaciones. Se enamoran rápido y con fuerza, pero se desenamoran con la misma facilidad. Cuando se comprometen con alguien, se abren a él y revelan su lado vulnerable. Sin embargo, les lleva tiempo confiar en los demás y sentirse cómodos con ellos.

El signo solar Cáncer es muy compatible con Tauro, Cáncer, Virgo, Escorpio, Capricornio y Piscis. Son menos compatibles con Aries, Leo, Libra, Géminis, Sagitario y Acuario.

Cáncer como signo lunar

Al igual que los Cáncer se preocupan por los demás y comprenden sus sentimientos, secretamente quieren ser tratados de la misma manera. Las personas de Luna de Cáncer son muy cariñosas con sus parejas; sin embargo, les cuesta poner fin a una relación incluso cuando está claro que las cosas no funcionan. Tienen tantas ganas de formar una familia y construir un hogar que se niegan a ver cuándo es el momento de alejarse.

La luna de Cáncer es compatible con las lunas de Piscis, Escorpio, Capricornio, Tauro, Cáncer, Virgo y Piscis. Son menos compatibles con las lunas de Aries, Géminis, Leo, Libra, Sagitario y Acuario.

Cáncer como signo ascendente

Los ascendentes en Cáncer son personas accesibles. Durante las conversaciones, suelen estar inmersos y prestan toda su atención a sus seres queridos. Prefieren la comodidad del hogar o sentarse en una acogedora cafetería con un amigo antes que ir a un club ruidoso y abarrotado. Tienen una personalidad introvertida, por lo que les suele gustar recargarse y pasar tiempo consigo mismos después de las interacciones sociales. Cáncer necesita una pareja comprensiva que le apoye mientras lidia con sus intensas emociones y cambios de humor. Los ascendentes Cáncer prosperan en carreras creativas en las que puedan aprender y crecer.

Son compatibles con los ascendentes Piscis, Escorpio, Capricornio, Tauro, Cáncer, Virgo y Piscis. Son menos compatibles con los ascendentes Aries, Géminis, Leo, Libra, Sagitario y Acuario.

Cáncer como signo descendente

Los descendentes en Cáncer desean una pareja sensible de la que puedan depender en las relaciones y que les proporcione seguridad y confort. Prefieren un ambiente tranquilo en el que ambos puedan centrarse en las necesidades del otro. No toleran una pareja competitiva. Anhelan la estabilidad y se esfuerzan cuando su vida personal o profesional se tambalea. Aunque suelen ofrecer consejos a los demás, son reacios a aceptar la orientación de sus superiores.

Como cualquier signo del zodiaco, Géminis y Cáncer comparten algunas diferencias y similitudes. Ambos comparten muchas cualidades atractivas, que los hacen populares entre sus compañeros. Deberían renunciar a sus tácticas manipuladoras y mostrar a los demás su verdadera naturaleza y su lado vulnerable.

Capítulo 7: Leo y Virgo

Si desea saber más sobre el mundo del zodíaco y lo que significa ser Leo o Virgo, no busque más. Un verdadero Leo es seguro de sí mismo, entusiasta y ambicioso. Un Virgo suele ser analítico, práctico y fiable. Ambos signos tienen rasgos y características únicos que les hacen destacar entre los demás signos del horóscopo. Siga leyendo para conocer en profundidad a estos dos fascinantes signos del zodiaco. Podría ser su clave para desbloquear el poder de su signo zodiacal.

Leo

Leo

Image by Dorothe from Pixabay https://pixabay.com/illustrations/star-sign-lion-horoscope-design-4374408/

Glifo

El glifo de Leo, el signo astrológico asociado al verano, consiste en un bucle circular con una curva abarrotando su perímetro. Este bucle simboliza el ciclo eterno de la vida, sin principio ni fin. Simboliza la protección, por rodear y proteger lo que está dentro de este círculo eterno. Las líneas curvas que se agolpan bajo la circunferencia están muy bien pensadas. Representan la fuerza, el carisma y el orgullo, rasgos fundamentales del carácter de un Leo, al igual que la cabeza de león que corona el círculo. Está representado por una antigua deidad griega, Zephyros, que tenía aspectos asociados a la realeza divina y a un gran poder personal. El glifo resume la vena orgullosa (aunque ferozmente protectora) de Leo.

Fechas

Del 23 de julio al 22 de agosto

Frase clave

"Lo haré"

La frase clave asociada a Leo es "lo haré". Esta frase refleja la intensa pasión, valentía y deseo de éxito que desprenden los nacidos bajo este signo. Los Leo tienen un fuerte impulso para alcanzar sus objetivos y no temen asumir riesgos. Poseen una chispa creativa y una visión grandiosa, lo que a menudo les lleva a desarrollar estrategias innovadoras en los negocios y en otros ámbitos de la vida. Los Leo son seguros de sí mismos por naturaleza, lo que les ayuda a mantenerse optimistas a pesar de los obstáculos que encuentran para alcanzar sus objetivos. La frase "lo haré" capta a la perfección el espíritu de los Leo, seguros de sí mismos, decididos, creativos y dispuestos a enfrentarse a los retos sin rodeos.

Puntos fuertes

- Confianza sin límites
- Corazones de oro
- Leales a su tribu
- Creatividad infinita
- Profundamente valientes
- Líderes asombrosos

Los Leo tienen una confianza en sí mismos incomparable a la de otros signos. Son valientes y corajudos y saben que pueden manejar cualquier situación que la vida les depare. Esta confianza les permite asumir riesgos cuando otros no lo harían y tener un éxito increíble en todos los aspectos de la vida. Además, los Leo suelen tener una gran fortaleza mental y emocional, lo que les permite cometer errores y aprender de ellos rápidamente. Tienen un sentido inquebrantable de la determinación y su empuje nunca falla, lo que les permite alcanzar las metas que se proponen. Su deseo natural de liderazgo proporciona a los Leo una ventaja competitiva sobre los demás, ya que piensan. La confianza sin límites y las fortalezas de Leo lo convierten en uno de los signos más notables de la astrología.

Leo es conocido tradicionalmente como el signo de la valentía, y estas valientes personas poseen un rasgo extraordinario, tienen un corazón de oro. Su mejor cualidad es un espíritu generoso que brilla a través de sus acciones, su consideración y su amabilidad. Esta generosidad de corazón puede abrir puertas y crear conexiones entre personas de todas las edades, haciéndoles populares en cualquier círculo social. En el fondo, el corazón de oro de Leo está arraigado en su sistema de valores establecido. Estos individuos saben lo que es correcto y actúan con convicción para garantizar que estos valores se mantengan vivos. Un nivel de autodisciplina está relacionado con su capacidad para mantenerse fieles a su código moral, lo que les distingue de otros signos, mostrando su carácter fuerte y confiado.

Los Leo son famosos por su lealtad inquebrantable y sus valores y principios sólidos. Los nacidos bajo este signo son muy fiables y dignos de confianza. Las personas que admiran la personalidad leonina de Leo se sienten atraídas por su confianza y su compromiso con sus convicciones. Esta energía fuerte y apasionada permite a los Leo alcanzar sus objetivos con gran éxito. En las relaciones personales, la lealtad de Leo se traduce en un intenso sentido de la fidelidad que refuerza el vínculo entre ellos y sus seres queridos. Toman todas las iniciativas necesarias para que sus amigos, familiares y seres queridos se sientan seguros porque sienten una inmensa satisfacción. Los Leo exhiben una lealtad específica que es inquebrantable y conmovedora.

Leo es conocido por sus energías creativas y vivaces, lo que les hace propensos a canalizar estas cualidades en una creatividad infinita. Para Leo, esto significa tener el poder de expresarse a través de sus esfuerzos artísticos, su capacidad para resolver problemas y su brillante visión general de la vida, inspirando a los demás. Los Leo están llenos de confianza en sí mismos y de un espíritu entusiasta que les permite encontrar soluciones innovadoras incluso a los problemas más complejos. Estos creadores natos se sienten atraídos por los círculos sociales y valoran las conexiones a las que tienen acceso. Ya sea por motivos profesionales o personales, no hay duda de que el carisma de Leo les llevará lejos. La pasión, la poderosa personalidad, el entusiasmo y las ideas originales de Leo les ayudan a prosperar mientras exploran las infinitas posibilidades de ser creativos de formas únicas e impactantes.

Los Leo poseen un profundo rasgo de valentía debido a lo asertivos, decididos y seguros que pueden llegar a ser. Su actitud de voluntad fuerte a menudo se presta a tener la determinación de alcanzar el éxito. Leo es un signo de fuego con abundante energía y espíritu competitivo, lo que les permite arriesgarse cuando es necesario y nunca retroceder ante un desafío. Adaptan puntos de vista muy firmes sobre distintos temas, por lo que las influencias u opiniones externas rara vez les hacen cambiar de opinión. Y lo que es más importante, los Leo tienen un profundo conocimiento del mundo que les rodea. Conocen sus puntos fuertes y débiles, lo que les permite encontrar formas de apoyar lo que saben que debe hacerse en cualquier situación. Su capacidad para mantener el valor ante situaciones aparentemente imposibles hace que Leo sea profundamente valiente.

No es de extrañar que los nacidos bajo la constelación de Leo sean vistos como líderes fuertes y seguros de sí mismos; se necesita un inmenso coraje y seguridad en uno mismo para formar parte de la historia. Con su carácter alegre y su espíritu incontenible, los que ostentan el poder de Leo han conquistado el mundo desde la antigüedad. Representando cualidades de fuerza, coraje y ambición, muchos líderes a lo largo de los tiempos han sido Leo. Desde faraones y emperadores de la antigua Roma hasta artistas de renombre y multimillonarios de hoy en día, la audacia de este signo ha sido un faro brillante en todas las épocas. Aquellos que comparten este rasgo de corazón leonino pueden consolarse compartiendo ascendencia con algunas figuras poderosas que exigieron atención y admiración, incluso en medio de intensos obstáculos.

Puntos débiles

Los Leo tienen algunos puntos débiles que afectan a sus vidas, relaciones y experiencias. He aquí seis de los puntos débiles más comunes asociados a Leo:

- Orgullo
- Inseguridad
- Impulsividad
- Vanidad
- Egocentrismo
- Obstinación

El orgullo es una de las mayores debilidades del signo Leo. Sobrevaloran sus capacidades y subestiman las de los demás. Esto les lleva a la arrogancia y a una falta de humildad que les perjudica más que ayudarles.

A pesar de su exterior orgulloso, los Leo suelen padecer una profunda inseguridad y miedo al fracaso o al rechazo debido a su elevado sentido de la autoestima. Esto les lleva a sentir celos de quienes parecen estar mejor que ellos, lo que dificulta la creación de vínculos significativos.

Los Leo suelen ser impulsivos, toman decisiones sin pensar y actúan según sus emociones más que según la lógica. Esta impulsividad puede llevarles a tomar malas decisiones que podrían haber evitado si se hubieran tomado el tiempo necesario para pensar en las consecuencias de sus actos.

Los Leo son bastante vanidosos y se centran demasiado en su aspecto físico y sus posesiones materiales para sentirse importantes o valorados por los demás. Pueden parecer superficiales y narcisistas, lo que aleja a la gente, aunque no sea intencionado.

Los Leo son egoístas y egocéntricos, centrados principalmente en sus necesidades y deseos, sin tener en cuenta los sentimientos o perspectivas de los demás. Les resulta difícil entablar relaciones significativas con otras personas, ya que no siempre ven las cosas desde el punto de vista de los demás.

Los Leo son increíblemente testarudos e inamovibles, por lo que les cuesta aceptar opiniones diferentes o cambiar de opinión. Esto puede provocar conflictos con amigos, familiares y compañeros de trabajo, así como la pérdida de oportunidades debido a su inflexibilidad.

Molestias

A los Leo les gusta lo teatral y ser el centro de atención. Buscan la perfección y son amigos muy leales, pero pueden ser excesivamente críticos y a menudo esperan mucho de sí mismos y de los demás. Los Leo se frustran con la desorganización y la indiferencia, considerándolas señales de falta de respeto o pereza. Exigen fiabilidad y precisión y se irritan rápidamente ante los errores por descuido. A los Leo les cuesta tolerar las críticas sin sentirse insultados o heridos; prefieren los comentarios constructivos a los hirientes. La indecisión es otra de sus manías porque los Leo anhelan estructura, previsibilidad y estabilidad, rasgos que suelen asociarse a su signo.

Planeta regente

El planeta regente del signo zodiacal de Leo es el Sol. El Sol asocia fuertemente el poder, el liderazgo y la autoexpresión, por lo que se adapta perfectamente a los nacidos bajo este signo de fuego. Para los Leo, el Sol simboliza una luz brillante de confianza y ambición que les anima a tomar decisiones saludables y a destacar de forma única. También anima a los Leo a aumentar sus conocimientos y a esforzarse por comprenderse mejor a sí mismos y a los que les rodean. Al abrir camino con su brillante energía, la influencia del Sol ayuda a los Leo a alcanzar sus sueños más ambiciosos. Con su presencia regente sobre Leo, esta regia estrella anima a las personas a respetar su propia fuerza, a defender lo que es correcto y a dar rienda suelta a sus ardientes pasiones sin miedo a ser juzgados o criticados.

Leo como signo solar

Las personas nacidas bajo el signo solar de Leo están bendecidas con mucho potencial y dones. Son individuos ferozmente leales e inspiradores que pueden marcar el camino a cualquiera. Los Leo tienen carisma y ambición naturales, lo que les permite prosperar en cualquier cosa que se propongan. Tienen una comprensión innata de la importancia de la gratitud, por lo que suelen ser muy generosos en sus interacciones. Estas brillantes personalidades suelen llevar alegría y optimismo a dondequiera que vayan, utilizando su creatividad para hacer sonreír a la gente. Los Leo suelen encontrar la manera de superar los obstáculos mediante la determinación y el trabajo duro, dando un buen ejemplo a todo el mundo. Todos estos rasgos combinados hacen que los Leo sean individuos realmente asombrosos, que aportan luz y amor a cualquier situación.

En cuanto a la compatibilidad romántica, los signos solares de Leo parecen tener lo mejor de ambos mundos cuando buscan parejas potenciales. Aunque pueden darse algunas combinaciones negativas de elementos, la mayoría de los emparejamientos son exitosos y pueden llegar lejos. Los signos de fuego, como Aries y Sagitario, comparten el entusiasmo de Leo por la vida y su tendencia a mostrar aprecio por el otro. Los signos de aire, como Libra y Acuario, pueden aportar un equilibrio intelectual a la relación que complementa las tendencias de liderazgo de Leo, permitiéndoles forjar asociaciones sólidas sin compromisos. Los signos de tierra como Virgo pueden sorprender a la gente sacando a relucir los aspectos más organizados de la personalidad de Leo.

Leo como signo lunar

Tener a Leo como signo lunar puede ser una experiencia única. Las personas con Leo como signo lunar son afectuosas, leales y tienen una confianza interior para afrontar cualquier reto. Viven con mucho entusiasmo y tienen un don natural para el liderazgo. Puede que no siempre les salga de forma natural, pero son capaces de inspirar a los demás con su convicción y su pura voluntad. Si hay algo que les importa profundamente, pondrán todo su empeño en ello. Esta pasión puede resultar a veces abrumadora o intimidatoria para los demás, pero es otra prueba de su compromiso. Con estos rasgos en mente, tener Leo como signo lunar puede abrir muchas posibilidades para alguien que quiera influir en el mundo.

Los signos lunares Leo son maravillosamente compatibles con otros pocos signos lunares selectos, incluidos Libra y Sagitario. Mientras que la naturaleza arriesgada y audaz de los signos lunares Leo les permite tomar decisiones atrevidas, Libra y Sagitario aportan un enfoque más fundamentado a su dinámica de pareja. Libra le ayudará a ver el valor de las relaciones estables, que le ayudarán a crecer y evolucionar juntos. Sagitario aporta su entusiasmo por explorar nuevas ideas, lo que puede encender tus energías creativas. La combinación de estos tres signos lunares garantizará una relación de pareja interesante, llena de actividades divertidas y conversaciones significativas que mantendrán al otro en vilo.

Leo como signo solar ascendente

Si su signo solar ascendente es Leo, se le asocia con la vitalidad y la alegría. Las personas de este signo suelen llevar energía allá donde van, irradiando confianza y ambición. Sienten un aprecio inquebrantable por las cosas buenas de la vida y siempre se esfuerzan por alcanzar su máximo potencial. Los ascendentes de Leo buscan la admiración y les encanta ser admirados por su inteligencia natural, su creatividad y su encantadora personalidad. Con el Sol en su punto álgido en la estación de Leo, es un gran momento para canalizar su vibrante energía interior (desde elecciones de estilo más atrevidas hasta movimientos profesionales más fuertes) y apuntar alto mientras alcanzan sus sueños.

Leo como signo descendente

Leo es un signo descendente que refleja el deseo de expresión y creatividad de una persona. Las personas con una fuerte energía Leo son conocidas por su liderazgo, fuerza, calidez y generosidad. Les motiva el amor y el reconocimiento, por lo que suelen buscar entornos en los que puedan ser el centro de atención. Los nativos de Leo anhelan ser admirados, respetados y reconocidos por sus dones únicos. Los individuos de este signo suelen tomar la iniciativa de convertirse en agentes activos del cambio en el mundo para alcanzar los resultados que desean. Los Leo disfrutan manifestando el poder creativo que llevan dentro en resultados tangibles que alegran a quienes les rodean.

Virgo

Virgo

Image by Dorothe from Pixabay https://pixabay.com/illustrations/star-sign-virgin-horoscope-design-4374409/

Glifo

El glifo del signo zodiacal de Virgo es una M con un lazo en su interior. Esta forma representa a una mujer que espera, que pregunta, con curiosidad y discernimiento. Mercurio, el planeta de la comunicación y el movimiento, rige a los Virgo. Por lo tanto, tiene sentido que el glifo simbolice su unción como buscadoras de la verdad, evaluando cada experiencia para descubrir su núcleo más profundo de conocimiento. El bucle en el centro implica hallazgos dentro y fuera; los Virgo son expertos en recopilar información de fuentes externas y en la introspección. Está representada toda una constelación de posibilidades, paciente, curiosa y que nunca se contenta con rascar la superficie

Fechas

23 de agosto al 22 de septiembre

Frase clave

"Yo analizo"

La frase clave asociada al signo zodiacal Virgo es "yo analizo" porque los Virgo son reflexivos y detallistas, y siempre se esfuerzan por dar sentido al mundo que les rodea. Son muy críticos y suelen desmontar las cosas para comprenderlas en su totalidad. Esta combinación de cualidades hace que a Virgo le resulte natural diluir problemas complejos examinando cuidadosamente cada aspecto antes de llegar a una solución. Los Virgo suelen tener aptitudes para el pensamiento lógico y la resolución analítica de problemas, por lo que esta frase es una gran representación simbólica de su tipo de personalidad.

Puntos fuertes

- Organización
- Practicidad
- Amabilidad
- Trabajador
- Leal
- Ingenio

Los Virgo son extremadamente organizados y eficientes. Tienen buen ojo para los detalles, lo que les ayuda a estar al tanto de sus tareas y a mantener el orden. Son personas prácticas que aprecian la estructura y la organización, lo que les convierte en grandes solucionadores de problemas. A pesar de su tendencia a ser más analíticos que emocionales, los Virgo son personas de buen corazón, con buena empatía hacia los demás.

Los Virgo trabajarán duro para hacer bien el trabajo a la primera. Se enorgullecen de su trabajo y buscan la excelencia. Tienen un increíble sentido de la lealtad y el compromiso en las relaciones con sus amigos, familia y pareja.

Los Virgo son extremadamente ingeniosos y saben sacar el máximo partido de una situación. Saben cómo utilizar su entorno para hacer el trabajo.

Estos rasgos hacen de Virgo uno de los signos más fiables de la astrología. Siempre anteponen a los demás por encima de sí mismos y se esfuerzan por alcanzar la excelencia en todo lo que hacen, lo que les convierte en una de las personas más fiables que jamás conocerá.

Puntos débiles
- Inseguridad
- Preocupación
- Perfeccionismo
- Demasiado crítico
- Procrastinar
- Expresión de emociones

Los Virgo suelen luchar contra la inseguridad y la duda, lo que les lleva a pensar demasiado las situaciones y a tomar decisiones impulsivas sin tener en cuenta las consecuencias. Se agobian fácilmente con demasiadas tareas o responsabilidades y tienen dificultades para cumplir los plazos o entregar los proyectos a tiempo.

Los Virgo se preocupan mucho, sobre todo cuando algo no va según lo previsto o cuando se encuentran con obstáculos inesperados. Esta ansiedad puede ser paralizante e impedirles actuar, aunque sepan que es necesario.

Debido a su perfeccionismo, los Virgo son propensos a fijarse en los detalles y a perder la perspectiva general. Les resulta difícil delegar tareas porque creen que nadie puede hacerlo como ellos. Los Virgo pueden ser demasiado críticos consigo mismos y con los demás, lo que les hace parecer críticos e inaccesibles. Les cuesta aceptar cumplidos o elogios, lo que puede hacerles sentir que sus esfuerzos no son apreciados.

Por mucho que los Virgo intenten ser organizados, aplazan los proyectos por miedo al fracaso. Les cuesta concentrarse y hacer las cosas a tiempo.

A los Virgo les cuesta expresar sus emociones abiertamente, lo que provoca problemas de comunicación en las relaciones. El diálogo abierto es importante, pero los Virgo pueden tener dificultades para pedir ayuda o apoyo cuando lo necesitan. Los Virgo necesitan reconocer que está bien expresar sus sentimientos y pedir ayuda de vez en cuando.

Estas son algunas debilidades con las que muchos Virgo luchan a diario. Aunque pueden ser difíciles de superar, comprender el origen de estos problemas les ayuda a tener más confianza en sí mismos. Con suficiente autoconciencia y determinación, pueden utilizar sus puntos fuertes para compensar las debilidades que encuentran.

Molestias

Los Virgo son uno de los signos del zodíaco más organizados y lógicos, pero hay cosas que siempre les sacan de quicio. Una de las principales manías de un Virgo es ser desorganizado o ineficiente. Esta tendencia puede llevarles a la frustración, ya que sienten que pierden el tiempo. Además, los Virgo son muy detallistas; basta que algo salga mal para que pierdan rápidamente el interés. Pueden sentirse abrumados cuando alguien complica demasiado las cosas con frases hechas o jerga innecesaria. Prefieren que las conversaciones sean claras y concisas. Cuando las cosas no se toman lo suficientemente en serio, a Virgo le molesta; le gustan las discusiones significativas y debatir los temas para comprenderlos mejor. Los Virgo pueden parecer quisquillosos en ciertos temas, pero en el fondo solo buscan un entorno que les favorezca. Todo debe tener un propósito y un significado para que Virgo se mantenga comprometido.

Virgo como signo solar

Los nacidos bajo el signo solar de Virgo son personas fiables y organizadas. Suelen ofrecer voluntariamente su ayuda a quienes les rodean y destacan en la gestión de las tareas diarias. Sobresalen en el manejo de sus propios asuntos y disfrutan ayudando a los demás a alcanzar el éxito a través de su experiencia y conocimientos. Los Virgo analizan las cosas con extremo detalle y buscan la perfección en cualquier situación o proyecto. Aunque a menudo se les critica por tener grandes expectativas, forma parte de la naturaleza de Virgo esforzarse por alcanzar la excelencia con cualquier cosa, desde la dinámica familiar hasta las decisiones importantes de la vida. Aunque tener a un Virgo como amigo o pareja conlleva grandes beneficios, este signo tan impulsivo también necesita mucho apoyo y comprensión para alcanzar su máximo potencial.

Virgo suele ser compatible con otros signos de tierra del zodíaco, Tauro y Capricornio, que tienen muchos puntos en común con Virgo, como sus personalidades sensatas y con los pies en la tierra. Virgo también se lleva muy bien con los signos de aire, como Acuario y Libra, porque piensan con lógica y analizan las situaciones. Los Virgo se llevan mejor con los signos de agua, como Piscis y Cáncer, debido a la naturaleza simpática y cariñosa de estos últimos, que complementa la actitud pragmática de Virgo.

Virgo como signo lunar

Nacer con un signo lunar en Virgo es una bendición. Las personas de este signo son analíticas, trabajadoras y superdotadas. Son detallistas y buscan la perfección en todo lo que hacen. Tener el signo lunar en Virgo indica que la persona tiene afinidad por el mundo natural y mantiene el orden, ya que los Virgo ven el universo con gran claridad. Los de signo lunar de Virgo aprecian las rutinas y la estabilidad y disfrutan teniendo objetivos claros que perseguir. Esta combinación de rasgos les convierte en pensadores profundos capaces de asumir retos complejos.

La compatibilidad entre los signos lunares de Virgo y otros signos lunares puede ofrecer una gran perspectiva sobre cómo interactúan dos personas. Por ejemplo, los signos lunares de Virgo son detallistas, leales a su pareja y responsables con las tareas cotidianas. Esto los convierte en la pareja ideal para signos analíticos y lógicos como Tauro, Capricornio y Acuario. Los Escorpio también pueden ser grandes compañeros gracias a su creatividad y emotividad, que proporcionan un buen equilibrio para la practicidad de los signos lunares de Virgo. Aries puede parecer demasiado impulsivo o extravagante, pero los Virgo apreciarán que alguien les saque de su zona de confort. Cuando coinciden con un signo de tierra como Virgo, los signos de aire como Géminis o Libra pueden añadir un toque picante a la ecuación amorosa.

Virgo como signo ascendente

Las personas con Virgo como signo solar ascendente son muy analíticas y perfeccionistas en su enfoque, a menudo utilizando una lente lógica en lugar de emocional en la resolución de problemas. Son conocidos por obsesionarse con los detalles y basarse en datos detallados para tomar decisiones. Esto puede convertirlos en trabajadores fiables, pero también les dificulta asumir riesgos o aceptar cambios. Las personas con signo ascendente Virgo suelen tener un gran poder de concentración y son muy organizadas en su entorno. Las personas que los conocen valoran su perspicacia e integridad, ya que siempre analizan a fondo las situaciones antes de llegar a una conclusión. Los Virgo pueden aportar precisión y exactitud a cualquier tarea que se propongan.

Virgo como signo descendente

Virgo es un signo descendente que ha sido bendecido con un sentido del propósito único. Los Virgo son famosos por su aguda inteligencia y su capacidad de pensamiento analítico, al tiempo que poseen un gran ojo para los detalles y una admirable dedicación a cualquier tarea que emprendan. Estos rasgos son sin duda útiles en la mayoría de las actividades de la vida. La naturaleza de Virgo les permite mantenerse centrados en los objetivos por muy difíciles que se vuelvan las situaciones y sentir cada vez más curiosidad por descubrir nuevos conocimientos. Los descendentes en Virgo personifican muchos aspectos definitorios de este signo del zodiaco, como ser organizados, fiables, amables y leales.

Capítulo 8: Libra y Escorpio

Buscar más información sobre Libra y Escorpio puede causar confusión. Hay una gran cantidad de información disponible, por lo que es difícil hacer una buena selección. Pero siga leyendo. Descubrirá todo lo que hay que saber sobre estos signos del zodiaco. Libra y Escorpio son signos zodiacales opuestos con características que aportan equilibrio y armonía al universo. Aunque parecen similares, sus simbolismos difieren enormemente. Comprender más acerca de cada uno de ellos le dará una idea de su poder e influencia. Con una mente abierta y algo de paciencia, tendrá los conocimientos necesarios para dar sentido a estas enigmáticas figuras.

Libra

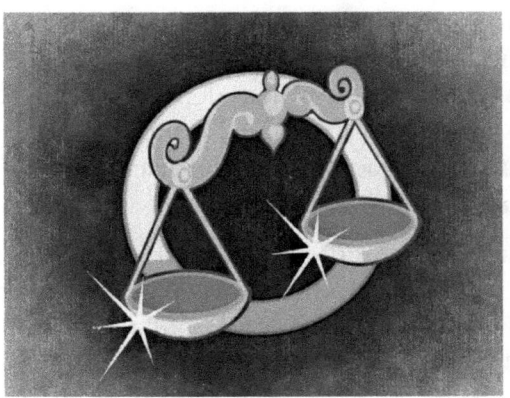

Libra
https://openclipart.org/detail/233296/libra-2

Glifo

El signo zodiacal de Libra está representado por el glifo de dos líneas que se entrelazan en una suave curva. Este símbolo, llamado "la balanza", simboliza la justicia, el equilibrio y la equidad. La deidad regente de Libra es Afrodita, la diosa griega del amor, la belleza y la armonía. En la antigua Grecia, se la asociaba con la balanza, que garantizaba que todas las interacciones fueran justas, incluso en cuestiones de amor. Muchas personas nacidas bajo Libra buscan el equilibrio en su vida cotidiana. A menudo buscan la forma de armonizar sus relaciones y son diplomáticos por naturaleza. Al estar regidos por Afrodita, los nativos de Libra aprecian la belleza, la creatividad y la sensibilidad. Estos rasgos ayudan a equilibrar cualquier situación.

Fechas

22 de septiembre al 23 de octubre

Frase clave

"Yo equilibro"

La frase clave asociada al signo zodiacal de Libra es "yo equilibro". Esta frase habla de los valores y cualidades que caracterizan a los nacidos bajo este signo, concretamente el deseo de equilibrio y justicia. Refleja su necesidad de orden y equilibrio, especialmente en las relaciones románticas y de amistad. Este afán de equilibrio se relaciona con la voluntad de sacrificar la comodidad o la estabilidad en aras de la justicia y la igualdad. En el plano afectivo, se refiere a la capacidad de una persona para mantener la mente abierta al considerar diferentes puntos de vista de un argumento antes de decidir, encontrando esencialmente un término medio. Connota la creación de alianzas con diversos grupos de personas, empatizando con los demás y comprendiendo cómo pueden trabajar juntos en armonía. Es indicativo de la personalidad madura y diplomática que acompaña a los nacidos bajo Libra.

Puntos fuertes

El signo zodiacal Libra, representado por el símbolo de la balanza, es equilibrado por naturaleza. Las personas nacidas bajo este signo tienen muchas grandes cualidades que les hacen destacar sobre los demás signos. Estos son algunos rasgos y características de Libra

- Equilibrado
- Diplomático

- Intelectual
- Sociable
- Encantador
- Leal
- Romántico

Los Libra son conocidos por mantener la calma y la sensatez, incluso en las situaciones más difíciles. Luchan por el equilibrio, la equidad y la justicia, y siempre buscan la armonía entre los distintos puntos de vista.

Las personas Libra son conocidas por sus dotes diplomáticas; pueden resolver conflictos con facilidad manteniendo buenas relaciones con todas las partes implicadas. Esto les convierte en excelentes mediadores que pueden llegar rápidamente a una resolución amistosa.

Los Libra son inteligentes y tienen un pensamiento crítico. Procesan información compleja con rapidez e idean soluciones creativas que la mayoría de los demás signos podrían pasar por alto.

Los Libra son sociables; les encanta conocer gente nueva y establecer nuevos contactos. Son populares entre sus compañeros y hacen que todos se sientan incluidos y aceptados en un grupo.

Los Libra son muy encantadores y tienen la capacidad natural de atraer a la gente con su energía y carisma. Es uno de sus rasgos más poderosos, ya que les permite atraer fácilmente la atención positiva o negativa de los demás.

Los Libra son leales a sus seres queridos. Una vez que han establecido una conexión con alguien, les resulta difícil dejarlo ir y seguir adelante.

Los Libra son muy románticos y disfrutan de las cosas buenas de la vida: buena comida, artículos de lujo o pasar tiempo con sus seres queridos. Son sensibles en cuestiones amorosas y lo único que desean es hacer feliz a su pareja.

Estos rasgos y características hacen de los Libra individuos fuertes que saben manejar las situaciones que la vida les depara. Pueden manejar situaciones difíciles con gracia y aportar equilibrio y armonía a nuestras vidas. Son compasivos, amigos leales, con un gran sentido del humor y pueden convertir incluso los momentos más aburridos en recuerdos divertidos. Los Libra también son excelentes compañeros de crimen y de vida. Estas cualidades hacen de Libra una persona fuerte y capaz, siempre dispuesta a afrontar cualquier reto que se le presente.

Con una lista tan impresionante de puntos fuertes, no es de extrañar que los Libra hayan tenido éxito a lo largo de la historia.

Puntos débiles

- Indecisión
- Demasiado amable
- Fácilmente manipulable
- Poco fiable
- Emocionalmente sensible
- Falta de pasión
- Agresivo pasivo

Las personas del signo zodiacal Libra suelen tener dificultades para decidir debido a su incapacidad para sopesar objetivamente los pros y los contras de ambas partes. Analizan demasiado las situaciones, lo que les provoca vacilación e incapacidad para llegar a una conclusión.

Los Libra suelen ser personas muy amables y generosas que se desviven por quien lo necesita. Este atributo es estupendo, pero a veces puede ser aprovechado por otros porque no se defienden o asumen demasiado sin tener en cuenta su bienestar.

Debido a la inherente naturaleza confiada de los Libra, es fácil que otros los manipulen, y son presa del chantaje emocional.

Los Libra pueden ser poco fiables porque a menudo ponen demasiadas cosas en su plato y les cuesta establecer prioridades. Esto se debe sobre todo a su disposición innata a anteponer las necesidades de los demás a las suyas, lo que hace que los compromisos no se cumplan a tiempo o no se cumplan en absoluto.

Los Libra son emocionalmente sensibles y pueden sentirse abrumados por las situaciones rápidamente, lo que les lleva a cortar la comunicación en lugar de discutir el asunto.

Los Libra pueden carecer de pasión cuando persiguen objetivos o proyectos a largo plazo, ya que tienen dificultades para comprometerse debido a su indecisión.

Debido a su naturaleza tímida, los Libra pueden ser pasivo-agresivos, expresándose sin confrontación. Este comportamiento puede causar malentendidos y herir sentimientos en las relaciones.

La debilidad del signo del zodiaco Libra puede controlarse con el cuidado y la comprensión adecuados. Con el tiempo, los Libra pueden aprender a sobrellevar sus debilidades y centrarse en sus puntos fuertes.

Molestias

Los signos del zodiaco Libra suelen tener una larga lista de molestias. Una de ellas es que la gente no se esfuerce lo suficiente. A los Libra les gusta el equilibrio, por lo que odian que alguien no ponga de su parte. No soportan bien las groserías porque prefieren un comportamiento diplomático y sereno. Los Libra esperan que sus parejas aprecien sus esfuerzos para hacerles sentir queridos; el fracaso se convertirá rápidamente en una manía. Además, un estilo de vida equilibrado es importante para los Libra, por lo que desprecian sentirse abrumados y agotados con demasiado trabajo o compromisos. Cualquier situación desequilibrada puede convertirse en una manía para el signo del zodiaco Libra.

Planeta regente

El planeta regente asociado a Libra es Venus, el planeta de la belleza, el amor y la armonía. Es significativo, ya que refleja las principales cualidades atribuidas al signo, como su inclinación natural hacia el equilibrio, la diplomacia y la justicia. También amplifica su afán por las relaciones armoniosas e indica conciencia social. Venus anima a incorporar la belleza y el arte a todos los aspectos de la vida. Destaca su necesidad de un entorno estéticamente agradable que irradie energía positiva y promueva experiencias pacíficas. Venus ayuda a este signo a alcanzar un nivel de comprensión que le permite crear interacciones agradables con los demás.

Libra como signo solar

Los nacidos con el Sol en Libra son diplomáticos por naturaleza, excelentes para resolver conflictos y conectar con la gente. Suelen ser muy queridos, ya que son cariñosos y generosos con los demás, aunque el sentimiento no sea recíproco. Los Libra tienen un gran sentido de la justicia y buscan la armonía en todos los aspectos de la vida. El hecho de estar representado por la balanza sugiere una necesidad de equilibrio; descubrirá que los de este signo solar son diplomáticos a la hora de manejar situaciones tensas y se toman su tiempo para considerar soluciones alternativas. Debido a ello, a veces parecen indecisos; sin embargo, quieren hacer lo correcto más que lo popular. Las personas con Libra como signo solar se esforzarán por difundir la bondad y crear relaciones significativas y mutuamente beneficiosas.

Los Libra son conocidos por escuchar con paciencia y disfrutan manteniendo conversaciones que invitan a la reflexión sobre cualquier tema, desde la música hasta la historia. En consecuencia, Libra congenia bien con Sagitario, que tiene una sed insaciable de conocimientos, y con Géminis, a quien le encanta socializar y mantener conversaciones profundas. Los Géminis ofrecen conversaciones intelectuales apasionantes para la mente de Libra, Leo aporta energía contagiosa al espíritu de Libra, y Acuario da nuevas perspectivas sobre la vida que ayudan a explorar aún más su curiosidad. Libra también complementa a Piscis, que necesita comprensión y confianza para sentirse seguro en las relaciones. En definitiva, para la compatibilidad de Libra con otros signos solares, hay muchas posibilidades en las estrellas.

Libra como signo lunar

Tener la Luna en Libra puede ser una experiencia única. Se centra en gran medida en las relaciones para aquellos que tienen la suerte de poseer este signo. Aquellos con la luna en Libra siempre se esfuerzan por mantener el equilibrio y la armonía, lo que puede resultar difícil cuando se navega por una vida más turbulenta. Aprecian de verdad la belleza de la vida y de lo que les rodea, y suelen sentir un gran aprecio por el arte, la música y la filosofía. Suelen ser reflexivos, con un monólogo interior en constante interiorización. El grado de desinterés de una Luna en Libra no tiene parangón. Van más allá para asegurarse de que todo el mundo esté cómodo y feliz, independientemente de las circunstancias. Y lo que es más importante, los Libra se toman muy en serio los sentimientos de los demás, además de los suyos propios, y asegurarse de que todo el mundo se lleva bien entre sí es una prioridad absoluta para los nacidos bajo este signo.

Los signos lunares de Libra suelen ser conocidos por ser amistosos, sociables y diplomáticos. Su naturaleza equilibrada e imparcial suele hacer que los signos lunares en Libra sean compatibles con la mayoría, si no con todos, los demás signos lunares. Por ejemplo, los signos lunares de Libra se llevan mejor con los signos lunares de aire, como Géminis y Acuario, porque comparten rasgos similares, como ser desenfadados, curiosos y abiertos de mente. Los signos de luna de fuego como Aries, Leo o Sagitario pueden aportar más alegría a la vida de Libra debido a su fuerte espíritu y entusiasmo. Los signos lunares de agua como Escorpio y Piscis aportan una profundidad emocional que Libra puede no poseer, permitiendo una conexión real. Los signos lunares de tierra como Tauro y Virgo son prácticos, y Libra aprecia la toma de decisiones. El encanto fácil y la comprensión de Libra lo hacen compatible con el resto de la familia zodiacal.

Libra como signo ascendente

Como signo ascendente, Libra significa que los nacidos con esta posición astrológica confían mucho en su intuición para tomar decisiones. Los ascendentes en Libra suelen ser considerados encantadores y diplomáticos, lo que se debe directamente a su capacidad para mantener el equilibrio en todas las situaciones. Como buscan el equilibrio, los ascendentes en Libra deben evaluar constantemente su entorno y considerar detenidamente ambas partes antes de hacer una declaración o actuar. Disfrutan socializando y encuentran que puede traer armonía si ambas partes respetan las opiniones de los demás. Al tener el ascendente en Libra, tiene la habilidad de ser persuasivo y tener éxito en los negocios y en el ámbito personal.

Libra como signo descendente

Como signo descendente, Libra puede ser una bendición en muchos sentidos. Las personas de este signo suelen tener buenas habilidades sociales y establecen rápidamente conexiones con quienes les rodean, lo que puede abrirles muchas puertas a las oportunidades. Esta actitud extrovertida es beneficiosa en las relaciones, ya que a menudo crea un equilibrio entre los miembros de la pareja, ayudándoles a llegar a acuerdos sin comprometer sus necesidades y valores. Además, los Libra tienen un buen ojo para la belleza y la estética, por lo que son muy buenos creando arte o diseñando espacios únicos que destaquen entre la multitud. La posición descendente de Libra en la carta natal puede aportar equilibrio a la vida de una persona, dotándola de las habilidades sociales necesarias para el éxito.

Escorpio

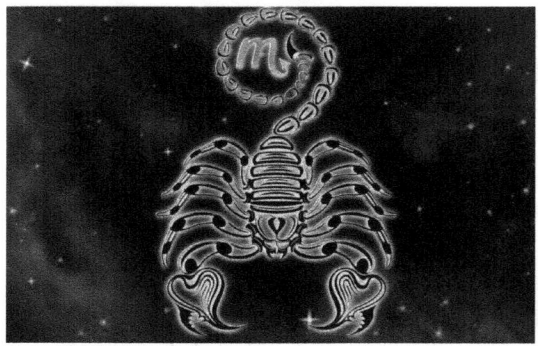

Escorpio

Image by Dorothe from Pixabay https://pixabay.com/illustrations/star-sign-scorpio-horoscope-design-4374412/

Glifo

El glifo de Escorpio está formado por la letra M y una s minúscula estilizada. Es un antiguo símbolo de muerte, regeneración y sexualidad. Representa a la perfección el signo zodiacal de Escorpio por su estrecha afinidad con la transformación y su profunda perspicacia. Además, el glifo de Escorpio o "M" se parece mucho al arma en forma de lanza que el dios solar egipcio Ra utilizaba para vencer a sus enemigos. Este glifo simboliza el coraje, ya que se necesita fuerza para atravesar los procesos de transformación relacionados con Escorpio. Varias deidades están asociadas a este signo del zodiaco, como Osiris e Isis, dos figuras de la antigua mitología egipcia dedicadas a la vida después de la muerte. Estos símbolos asociados a Escorpio representan el fuego interior de su personalidad, lo que les permite comprender realmente los aspectos más profundos de la vida y perseguir todo aquello que se propongan.

Fechas

23 de octubre al 21 de noviembre

Frase clave

"Yo deseo"

La frase clave para el signo del zodiaco Escorpio es "yo deseo". Esta frase resume con precisión las motivaciones e intenciones de Escorpio, a menudo impulsado por una pasión e intensidad para buscar siempre nuevos intereses y experiencias. Las personas de este signo del zodiaco no se conforman con experiencias ordinarias o mediocres; desean cosas extremas, poderosas y desafiantes. Son individuos extremadamente orientados a sus objetivos y decididos, que no descansarán hasta ver cumplido su deseo. Esta frase clave es crucial para comprender las motivaciones y cualidades únicas que poseen los Escorpio, que en última instancia pueden ser la superación personal y alcanzar las aspiraciones deseadas.

Puntos fuertes

- Lealtad
- Apasionado
- Perceptivo
- Resiliencia
- Ambicioso
- Intuitivo
- Adaptable
- Ingenioso

Los nacidos bajo el signo del zodíaco Escorpio son increíblemente leales y entregados a sus seres queridos. Se aseguran de que sus amigos, familiares y parejas se sientan siempre seguros en sus relaciones.

Los Escorpio tienen pasiones intensas y emociones fuertes que les impulsan a seguir adelante. Se volcarán en una carrera o en un proyecto benéfico con entusiasmo y febrilmente.

Los Escorpio son personas perspicaces que pueden captar detalles sutiles y combinar información aparentemente inconexa para crear poderosas percepciones sobre personas o situaciones.

Los Escorpio son conocidos por su resistencia ante la adversidad. Pueden recuperarse de situaciones difíciles y nunca renuncian a sus objetivos, independientemente de la dificultad del camino

La ambición de un Escorpio no tiene parangón con la de otros signos del zodiaco y a menudo puede conducirle a un gran éxito.

Los nacidos bajo Escorpio tienen una intuición muy desarrollada que les ayuda a decidir con rapidez y precisión en la mayoría de las situaciones.

Los Escorpio son personas increíblemente adaptables que pueden afrontar cualquier situación difícil y encontrar la forma de hacerla funcionar.

Los Escorpio son personas extremadamente ingeniosas que utilizan sus habilidades y conocimientos para sacar el máximo partido de sus situaciones. Son personas creativas capaces de resolver problemas con rapidez y de encontrar soluciones eficaces.

Los Escorpio tienen muchas fortalezas únicas que los diferencian de otros signos del zodíaco. Poseen lealtad, pasión, percepción, resistencia, ambición, intuición, adaptabilidad e ingenio. Estos rasgos los convierten en individuos de mentalidad fuerte capaces de lograr grandes cosas. Con estas cualidades a su favor, los Escorpio pueden alcanzar cualquier meta que se propongan y lograr cualquier cosa que se propongan con un poco de determinación y trabajo duro.

Puntos débiles
- Obstinación
- Desconfianza
- Celos
- Intensidad emocional
- Tendencias autodestructivas
- Comportamientos manipuladores

Las personas del signo zodiacal Escorpio son conocidas por ser muy testarudas e inamovibles. A menudo se niegan a ver otros puntos de vista o a cambiar de opinión, aunque haya pruebas convincentes que indiquen lo contrario. Esto les hace parecer inflexibles e intransigentes, un lastre en las relaciones o en el trabajo.

Los nacidos bajo el signo de Escorpio pueden tener problemas de confianza debido a su naturaleza desconfiada. Cuestionan los motivos de la gente y buscan intenciones ocultas, lo que les dificulta abrirse y dejar que los demás entren en sus vidas.

Los Escorpio suelen estar plagados de celos que pueden derivar rápidamente en un comportamiento posesivo y controlador. Son extremadamente protectores con las personas y las posesiones que consideran suyas.

Los Escorpio son conocidos por sus intensas emociones, a menudo abrumadoras para ellos y para quienes les rodean. Sienten las cosas profundamente y experimentan la vida con pasión, pero esto les provoca mal humor, depresión o ira con más frecuencia que a otros signos.

Las personas del signo zodiacal Escorpio son muy rígidas. A menudo se niegan a ver otro punto de vista o a cambiar sus opiniones, incluso cuando se les presentan pruebas convincentes que sugieren lo contrario. Parecen inflexibles e intransigentes, lo que puede ser un lastre en las relaciones o en el trabajo.

Los Escorpio a menudo se presionan demasiado, lo que les lleva a comportamientos negativos como el exceso de trabajo, el abuso de sustancias o las relaciones poco saludables. Pueden llegar a ser sus peores enemigos debido a una arraigada necesidad de autodestrucción que no pueden controlar.

Los Escorpio son maestros manipuladores que utilizan cualquier medio necesario para conseguir lo que quieren de una situación o persona. Puede que no siempre se den cuenta, pero sus tácticas son a veces agresivas y controladoras, lo que les dificulta establecer relaciones significativas. Es especialmente problemático en las relaciones románticas, donde la confianza es esencial para una conexión sana.

Mediante el trabajo duro y la dedicación, los Escorpio pueden aprender a controlar su comportamiento y sus emociones para que estas debilidades no arruinen relaciones u oportunidades importantes. Trabajar en el autoconocimiento y la superación personal les ayuda a convertirse en mejores versiones de sí mismos. Con la práctica, los Escorpio pueden utilizar sus puntos fuertes para compensar sus defectos y vivir la vida al máximo sin dejar que estas debilidades les impidan alcanzar el éxito.

Molestias

Escorpio es un signo zodiacal fuerte y tenaz, pero con ello vienen algunos rasgos menos que deseables. Los Escorpio suelen ser tan independientes que necesitan hacerlo todo solos a pesar de que se les ofrezca ayuda. Son demasiado críticos con sus seres queridos y esperan demasiado a cambio. Guardan resentimientos y rencores, lo que provoca relaciones difíciles y malentendidos. Como personas muy emocionales, los Escorpio pueden enfadarse rápidamente y discutir cuando no están de acuerdo con ellos o son criticados. Desconfían de los demás sin motivo, haciendo suposiciones injustas sobre la gente y tensando aún más sus relaciones.

Planeta regente

Los planetas regentes de Escorpio son Marte y Plutón. Marte se asocia con la pasión, la determinación y la independencia, y rige las ambiciones y los deseos de Escorpio, alimentándolos a través de los desafíos y animándolos a asumir riesgos. Por su parte, Plutón representa la transformación y la regeneración, en paralelo a la capacidad de Escorpio para reinventarse por completo, expulsando los pensamientos y comportamientos negativos. La combinación de estos planetas confiere a Escorpio los rasgos necesarios para profundizar, persistir en su búsqueda de comprensión, aceptar el cambio con valentía y utilizar la agresividad de manera constructiva sin sacrificar su afán de conocimiento y poder.

Escorpio como signo solar

Ser Escorpio con el Sol en esta parte del zodíaco es una aventura apasionante. Puede ser una gran fuente de fuerza, poder y resistencia. Los nacidos en Escorpio suelen tener un intenso magnetismo que atrae a los demás hacia ellos, sintiendo a menudo una profunda pasión y compasión hacia los demás. Estas personas poseen una mente investigadora que les permite pensar de forma crítica y cuidadosa para decidir sobre asuntos complejos. Se les dan mejor las tareas analíticas y aprecian un ambiente que recompense la perspicacia y la inteligencia. Además, las personas con signo solar Escorpio están en sintonía con su creatividad, lo que da lugar a grandes obras de arte o inventos. Tener Escorpio como signo solar significa que estás dotado de rasgos singulares y que eres único entre los demás.

Los signos solares Escorpio son conocidos por su intensidad, lealtad y pasión. Los nacidos bajo este signo del zodiaco se llevan bien con otros signos de agua, como Cáncer y Piscis. Puede que les resulte difícil conectar con signos de aire como Acuario o signos de fuego como Leo y Aries. Los Escorpio son reservados y pueden parecer intimidantes, lo que no siempre es bien recibido por los signos más extrovertidos. Por el contrario, estas características atraen los rasgos afectuosos de los demás, lo que lleva a una conexión intensa incluso entre las parejas más incompatibles.

Escorpio como signo lunar

Tener su signo lunar Escorpio conlleva emociones intensas y dramáticas. Los Escorpio suelen sentir sus emociones profundamente; el signo lunar de una persona habla de sus emociones más íntimas y amplifica este rasgo. Dado que Escorpio es un signo de agua, las personas con luna en Escorpio son especialmente sensibles a su entorno y a los sentimientos de los demás, lo que aumenta la pasión de sus experiencias emocionales. Las personas con Luna en Escorpio suelen necesitar tiempo a solas para descomprimirse o explorar estos sentimientos intensos y poderosos. También pueden disfrutar de diarios, proyectos artísticos u otras salidas creativas que les permitan expresarse libremente. Pueden ser fieros defensores de la justicia y adversarios de la opresión, impulsados por una profunda empatía hacia quienes experimentan la injusticia en carne propia.

Los signos lunares Escorpio son criaturas intensamente apasionadas que suelen buscar una conexión intensa con sus parejas románticas. Los de signo intenso son más compatibles con lunas del tipo de Tauro, Piscis, Cáncer y Capricornio. Cada pareja ofrece una comprensión mutua, calidez y respeto por las relaciones fuertes.

Escorpio como signo ascendente

Los nacidos con Escorpio como signo ascendente son personas de mente fuerte y apasionada. La influencia de este signo es un mayor sentido de la inventiva y la resistencia, lo que les permite manejar situaciones o desafíos. Los ascendentes en Escorpio son ambiciosos; saben lo que quieren y se esfuerzan por conseguirlo. Además de esta determinación, los ascendentes en Escorpio muestran cualidades de intensidad y secretismo. Sin embargo, el ascendente Escorpio está asociado a una profunda empatía, lo que les permite comprender siempre las emociones de los demás. Los ascendentes en Escorpio tienen una capacidad innata para mantenerse firmes e inquebrantables en lo que es correcto, aunque todo a su alrededor les diga lo contrario. Tener a Escorpio como signo ascendente significa que posee la fuerza de carácter y la tenacidad necesarias, para llevar a cabo sus objetivos siempre que se proponga algo.

Escorpio como signo descendente

Escorpio, regido por Plutón, es un signo de agua conocido por su intensidad y su pensamiento profundo. Como signo descendente, indica que, aunque es importante a nivel interior, tiene dificultades para expresar esos rasgos a los demás. Tener el control y expresar poder es natural con esta energía de Escorpio, pero a veces esas características deben equilibrarse con amabilidad y comprensión hacia los demás. Los ascendentes Escorpio se sienten fácilmente atraídos por parejas fuertes que puedan ayudarles a sacar a relucir sus puntos fuertes sin cerrarlos a las personas que le rodean. Con Escorpio como signo descendente, aprenda a utilizar su intensidad para conectar con la gente y comprenderla más profundamente. Podría ser crucial en sus relaciones.

Capítulo 9: Sagitario y Capricornio

Siguiente en línea, en nuestro viaje de exploración de la compatibilidad signo del zodiaco, llegamos a Sagitario y Capricornio. Sagitario es un signo de fuego, y Capricornio es un signo de tierra, y ambos tienen personalidades muy diferentes. Este capítulo explora todo acerca de sus fortalezas, debilidades y lo compatibles que son con otros signos del zodiaco.

Sagitario

Sagitario
Image by Dorothe from Pixabay https://pixabay.com/illustrations/star-sign-contactors-horoscope-4374413/

Glifo

El símbolo de Sagitario es una flecha que apunta hacia arriba. Este signo siempre mira hacia el futuro, dándonos la energía necesaria para alcanzar nuestros sueños. Es un signo inspirador, que nos motiva a apuntar alto y a progresar hacia nuestras metas. La flecha indica un espíritu enérgico y aventurero, y este signo nunca se conforma con permanecer en un mismo lugar durante demasiado tiempo. Este símbolo nos recuerda que debemos mantenernos positivos y seguir nuestras pasiones, incluso cuando la vida nos lance una bola curva. Sagitario apunta a las estrellas y acepta los retos de la vida.

Otra interpretación de este glifo es la de un centauro (mitad hombre, mitad caballo), que simboliza la capacidad de adaptarse a cualquier situación y asumir distintos papeles. Habla del amor de este signo por los viajes y la exploración, siempre en busca de nuevos horizontes. Un centauro simboliza la fuerza, el valor y la libertad, cualidades que encarnan los sagitarianos.

En definitiva, el glifo de Sagitario nos recuerda que debemos centrarnos en nuestros objetivos, aceptar las aventuras de la vida y no perder de vista el premio. Nos anima a ser valientes, asumir riesgos y alcanzar las estrellas.

Si es Sagitario o conoce a alguien que lo sea, sabrá que siempre están llenos de energía y dispuestos a enfrentarse a lo que la vida les depare. Este símbolo capta perfectamente este espíritu y es toda una inspiración.

Fechas

Del 22 de noviembre al 21 de diciembre

Frase clave

"Apunta a las estrellas"

Esta frase resume lo que significa ser Sagitario: mirar siempre hacia el futuro, ser valiente y aventurero, y no conformarse nunca con nada menos que sus sueños. Es una frase inspiradora que nos anima a asumir riesgos, a mantenernos positivos, incluso cuando la vida nos lanza una bola curva y a alcanzar nuestro máximo potencial. Los Sagitario tienen una capacidad casi mágica para hacer posible lo imposible, y esta frase es un gran recordatorio. Así que no tenga miedo de apuntar alto y alcanzar las estrellas, nunca se sabe lo que el éxito le espera.

Esta frase es perfecta para Sagitario porque representa su ambición, creatividad y voluntad de asumir riesgos. La frase habla de la pasión de este signo por la exploración y los viajes, siempre en busca de nuevos horizontes. Son curiosos, de mente abierta y siempre están dispuestos a probar algo nuevo o diferente. Esta frase les anima a ir más allá de sus límites y potencialmente llevarlos más lejos de lo que nunca imaginaron. Son líderes y pioneros natos, y esta frase les recuerda que pueden alcanzar la grandeza si creen en sí mismos.

Puntos fuertes
- Optimistas
- Aventureros
- Valiente
- Francos
- Independiente
- Sabio/a
- Humorístico
- Leales
- Resuelven problemas
- Dinámicos
- De mente abierta
- Motivados
- Apasionados

Los Sagitario son conocidos por su optimismo, valentía y naturaleza aventurera. Tienen una personalidad franca y suelen ser independientes, sabios y divertidos. De corazón leal, los Sagitario resuelven los problemas y toman la iniciativa para hacer las cosas. También son dinámicos, abiertos de mente, motivados y apasionados por la vida.

Los Sagitario son independientes y aventureros, siempre buscan explorar y experimentar cosas nuevas. Son creativos a la hora de resolver problemas y tienen un gran sentido de la justicia. Los sagitarianos son leales y tienen buen humor, y a menudo encuentran el lado positivo cuando se enfrentan a la adversidad. Además, son sabios.

Los sagitarianos son una raza increíble de personas optimistas que poseen el coraje necesario para superar cualquier obstáculo. Con su fuerte sentido de la justicia, su lealtad y su capacidad para resolver problemas, son amigos, socios y colegas increíbles. Así que reconoce sus increíbles puntos fuertes y aprécialos por todo lo que son.

Puntos débiles
- Impulsivos
- Obstinado
- Impacientes
- Falta de tacto
- Arriesgado
- Olvidadizo

Los Sagitario pueden ser impulsivos y temerarios, y a menudo hablan antes de pensar. Son impacientes y a menudo pueden ser demasiado atrevidos y faltos de tacto en sus planteamientos. Pero no todo son malas noticias. Los Sagitario son conocidos por asumir riesgos, lo que a menudo les lleva al éxito y a nuevas experiencias emocionantes. Pueden olvidar detalles importantes de vez en cuando, pero su entusiasmo y optimismo son muy apreciados.

Molestias

Las molestias de un Sagitario son las personas que les encasillan y limitan su libertad. No soportan a las personas demasiado pesimistas o que carecen de ambición. Lo suyo es la aventura, así que los Sagitario no soportan que se les atasque en los detalles o las actitudes pesimistas. En definitiva, quieren ser libres y tener espacio para explorar sus pasiones.

Planeta regente

El planeta regente de Sagitario es Júpiter, que representa la justicia y la verdad. Los Sagitario suelen esforzarse por ver lo mejor en los demás y son muy optimistas. Adoptan un enfoque pragmático a la hora de resolver problemas y disfrutan utilizando su intelecto para explorar nuevas ideas y soluciones. Los Sagitario son conocidos por su curiosidad, entusiasmo y espíritu aventurero. Les encanta aprender cosas nuevas y desafiarse a sí mismos con entusiasmo y determinación.

A menudo se les considera valientes y pueden ser grandes líderes. Tienden a ser mariposas sociales y disfrutan conociendo gente nueva. El planeta Júpiter confiere a los Sagitario una combinación única de fuerza, inteligencia y gracia social.

Sagitario como signo solar

Cuando este signo es su signo solar, es probable que encarne los rasgos asociados con su planeta regente, Júpiter. Este signo se asocia con la búsqueda del conocimiento y la exploración, lo que significa que será un pensador independiente al que le encanta aprender cosas nuevas. Los Sagitario son optimistas, generosos y abiertos por naturaleza, pero a veces pueden parecer bruscos o insensibles. Es filosófico y aprecia mucho la libertad, por lo que valora mucho la independencia. Es muy aventurero y está dispuesto a correr riesgos para alcanzar sus objetivos. Al relacionarse con otros signos solares del zodíaco, es probable que Sagitario se lleve bien con Aries, Leo, Acuario y Géminis, que son igualmente optimistas e independientes. Sin embargo, con Cáncer, Virgo, Libra, Escorpio, Capricornio y Piscis, Sagitario tiene dificultades para conectar debido a sus diferentes visiones de la vida. En última instancia, las relaciones que establezca Sagitario se basarán siempre en su capacidad para encontrar puntos en común y un entendimiento mutuo.

Sagitario como signo lunar

Cuando su Luna está en Sagitario, usted es emocionalmente independiente y puede adaptarse fácilmente a nuevas situaciones. Su pasión por aprender y explorar nuevos lugares, culturas e ideas es más fuerte. Es optimista y le entusiasman la mayoría de las cosas de la vida. Tiene un fuerte deseo de libertad e independencia en las relaciones y es probable que sea de mente abierta y no juzgue a los demás.

Las personas de signo lunar Sagitario suelen tener un estilo de vida extrovertido y activo, y hacen muchos amigos a lo largo de su vida. Por tanto, le espera una vida llena de exploración y descubrimientos. Es posible que le atraigan actividades o personas que normalmente no le interesarían y que aprecie sus diferentes perspectivas e ideas.

Le atrae el lado intelectual de otros signos del zodíaco y aprecia cómo le desafían. A los signos lunares Sagitario les gusta que las cosas sean alegres y divertidas y suelen ser el alma de la fiesta. Pueden sentirse atraídos por caminos más espirituales, buscando conexiones más profundas y significativas con el mundo que les rodea. Independientemente de su signo, si la Luna está en Sagitario, tendrá una actitud abierta y aventurera.

Sagitario como signo ascendente

Cuando Sagitario es su signo ascendente, usted es una persona entusiasta, positiva y emprendedora a la que le encanta explorar nuevas ideas. Es un optimista natural, con una actitud decidida, que siempre se esfuerza por ser mejor que el día anterior. Como espíritu independiente, se siente inspirado por quienes le rodean, pero nunca atado a ellos. Su visión idealista y su espíritu libre le convierten en un líder natural que inspira a los demás a alcanzar las estrellas. Le encanta la aventura y siempre busca nuevas oportunidades para aprender y crecer. Formar parte de una comunidad o colectivo más amplio es importante, ya que puede encontrar gran consuelo y satisfacción en conectar más profundamente con los demás. Con su enorme corazón, sus sueños y su curiosidad, siempre parece encontrar el camino hacia un futuro emocionante y satisfactorio.

Al analizar los signos ascendentes asociados a Sagitario, descubrirá que cada signo se expresa de forma diferente. Aries aportará un ardiente entusiasmo y pasión a la mezcla, mientras que Tauro aporta un enfoque más práctico y fundamentado y un mayor aprecio por lo tangible. Géminis añade un elemento intelectual y social a la ecuación, mientras que Cáncer aporta su lado más afectuoso y compasivo. Leo aporta energía creativa y gran ambición, y Virgo, capacidad analítica y atención al detalle. Libra equilibra y armoniza la situación, mientras que Escorpio añade intensidad y poder.

Por último, Capricornio añadirá un tono más serio y responsable, mientras que Acuario aporta ideas innovadoras y una perspectiva individualista. Con cada una de estas combinaciones, Sagitario, como su signo ascendente, puede ayudarle a encontrar el equilibrio perfecto de libertad, crecimiento y exploración.

Sagitario como signo descendente

Cuando Sagitario es su descendente, usted es una persona de mente abierta y proactiva. Tiene una profunda conexión con el mundo exterior y asume muchas responsabilidades. Puede que sea propenso a correr riesgos, pero también comprende intuitivamente a las personas y las situaciones. Además, tiene un gran sentido de la aventura y puede enfrentarse a cualquier reto con emoción y entusiasmo.

En cuanto a los otros doce signos del zodíaco, su descendente Sagitario puede aportar un sentido de optimismo y exploración. Es probable que asuma muchas responsabilidades, pero al mismo tiempo verá el panorama general. Su descendente puede permitirle comprender diferentes culturas y animarle a explorar nuevas ideas y conceptos. En cuanto a las relaciones, su descendente en Sagitario será un gran oyente y le proporcionará consejos honestos y sabios. Por último, es posible que aprecie los placeres sencillos de la vida, como la naturaleza y las actividades al aire libre. Tener su descendente en Sagitario puede aportar un sentido de curiosidad, aventura y comprensión a su vida.

Capricornio

Capricornio

Image by Dorothe from Pixabay https://pixabay.com/illustrations/star-sign-capricorn-horoscope-4374414/

Glifo

El glifo de Capricornio es la cabra marina, que simboliza la ambición y el empuje. Es un signo de trabajo duro y determinación, que muestra que los Capricornio son ambiciosos, que luchan por la excelencia. La cabra montesa simboliza la ambición y el progreso, y nos recuerda que nunca debemos renunciar a nuestros sueños por duro que sea el camino. La cabra montesa simboliza la determinación y el optimismo, y nos anima a seguir adelante a pesar de los desafíos.

Este símbolo habla de la naturaleza dual del signo; un lado se centra en sus objetivos, mientras que el otro busca el placer y el ocio. La combinación de estas energías da lugar al espíritu decidido y ambicioso de un Capricornio.

Los Capricornio son extremadamente ambiciosos, organizados y responsables. Son personas orientadas a los objetivos, impulsadas, con un don para resolver problemas y hacer que las cosas sucedan. Saben cómo hacer el trabajo, a menudo asumiendo más de lo que pueden manejar.

Fechas

Del 22 de diciembre al 19 de enero

Frase clave

"En ascenso"

Los Capricornio están impulsados a crear el éxito y nunca se rinden ante la adversidad. Son resistentes y centrados, dispuestos a hacer lo que sea necesario para alcanzar sus objetivos. Tienen la ambición y la determinación necesarias para enfrentarse al mundo y salir victoriosos. Con su actitud ambiciosa, los Capricornio siempre buscan avanzar y ascender en la vida. Siempre buscan la excelencia y se esfuerzan por alcanzar el siguiente nivel de éxito. Los Capricornio son líderes natos que no se detienen ante nada hasta alcanzar sus objetivos. Por eso, cuando la vida les lanza una bola curva, estos decididos individuos la aprovecharán como una oportunidad para ascender aún más en la escalera del éxito. De ahí que la frase clave para Capricornio sea "en ascenso".

Puntos fuertes

- Leal
- Trabajador
- Diligente
- Innovador
- Organizado
- Ingenioso
- Ambicioso
- Independiente
- Autosuficiente
- Audaz
- Adaptable
- Fuerza de voluntad
- Enérgico

Capricornio es uno de los signos más trabajadores, ambiciosos y motivados del zodíaco. Son leales y fiables, y siempre están dispuestos a arremangarse para hacer su trabajo. Los Capricornio son metódicos e ingeniosos; idean soluciones creativas a problemas difíciles. Son independientes, autosuficientes y no les gusta depender de la ayuda de los demás. No tienen miedo y confían en su juicio, a menudo asumen riesgos calculados y siguen adelante con sus ideas. Los Capricornio son muy adaptables y suelen hacer cambios creativos sobre la marcha. Además, tienen una gran voluntad y vitalidad para llevar a cabo sus proyectos de principio a fin. Estas cualidades combinadas hacen que los líderes naturales de Capricornio sean esenciales para cualquier equipo.

Puntos débiles
- Obstinado
- Demasiado serio
- Demasiado orgulloso
- Pesimista
- Materialista
- Vanidoso

Los Capricornio son demasiado serios y obstinados a la hora de hacer las cosas. Su perfeccionismo roza la vanidad y tienden a ser demasiado críticos consigo mismos y con los demás. También son demasiado orgullosos para pedir ayuda y pueden pensar que sus objetivos son inalcanzables si no los alcanzan solos. Los Capricornio también pueden ser muy materialistas y pesimistas, creyendo que nada saldrá como ellos quieren. Exigirse demasiado con expectativas poco realistas solo agrava este problema. Por encima de todo, los Capricornio tienen que aprender a gestionar sus expectativas y darse un margen cuando las cosas no salen como habían planeado. Con un poco de paciencia y positividad, pueden hacer realidad sus sueños.

Molestias
- Incompetencia
- Descuido
- Falta de fiabilidad

Los Capricornio no soportan la incompetencia, el descuido y la falta de fiabilidad en las personas. Se enorgullecen de su trabajo duro, su dedicación y su responsabilidad, así que cuando alguien no se toma en serio su trabajo, los Capricornio pueden sentirse muy frustrados. Deben recordar que todo el mundo tiene sus puntos fuertes y débiles, y dar a la gente el beneficio de la duda puede ayudarles a comprender y apreciar mejor los talentos únicos de cada uno.

Planeta regente

Saturno, el planeta de la estructura y la disciplina, rige Capricornio. Por tanto, los Capricornio son centrados, trabajadores y se toman la responsabilidad muy en serio. Tienen una gran ambición por alcanzar sus objetivos y valoran el trabajo duro. Los Capricornio son leales a sus seres queridos y disfrutan de la estabilidad. Son tradicionalistas y prefieren ceñirse a los métodos probados. Los Capricornio pueden ser reacios a asumir riesgos, pero si el reto merece la pena, están dispuestos a afrontarlo de frente. Este signo es práctico, disciplinado y está motivado para alcanzar el éxito.

Capricornio es un signo de Tierra, por lo que adora la comodidad en su entorno y valora más la calidad que la cantidad. Son muy orientados a los objetivos y pueden centrarse en la tarea que tienen entre manos con precisión láser. Los Capricornio son muy astutos con el dinero, y se aseguran de sacar el máximo partido de él. Pueden ser muy responsables y fiables, lo que les convierte en una gran pareja para cualquiera que busque estabilidad y compromiso.

Los Capricornio tienen buen ojo para los detalles y están dispuestos a dedicar tiempo y esfuerzo para hacer las cosas bien. Les gusta planificar y son conocidos por su paciencia y perseverancia, lo que les hace ideales para carreras que requieren dedicación y trabajo duro. Los Capricornio son prácticos pero optimistas, una combinación que puede llevarles lejos.

Capricornio como signo solar

Como signo solar, Capricornio se asocia con los rasgos perdurables de la ambición, la estabilidad y la responsabilidad. Las personas nacidas con el Sol en Capricornio suelen ser bastante serias y trabajadoras, impulsadas a alcanzar sus objetivos. Tienen una gran ética laboral, prestan gran atención a los detalles y suelen tener un don para la administración del dinero.

Las personas con Capricornio como signo solar son fiables, sensatas y tradicionales. Son leales a sus amigos y a su familia, y rara vez se alejan del camino que ellos mismos se han marcado. Los Capricornio valoran la estabilidad y la seguridad, lo que les convierte en socios fuertes para quienes buscan relaciones comprometidas. Pueden ser bastante testarudos y a veces necesitan aprender a ceder, pero la recompensa merece la pena una vez que lo hacen.

La energía de Capricornio puede lograr grandes cosas cuando se concentra y trabaja duro. Capricornio nos recuerda que hay poder en la dedicación y la constancia; podemos lograr cualquier cosa con un poco de trabajo duro y compromiso.

Capricornio como signo lunar

Como signo lunar, Capricornio se asocia con rasgos de estructura y estabilidad. Las personas con la Luna en Capricornio son muy organizadas y detallistas. Les encantan las rutinas, los planes y la estructura, y suelen tener una fuerte ética del trabajo.

Los Capricornio con signo lunar son precavidos y prácticos, pero también ambiciosos. Les encantan las normas y los reglamentos, pero en ocasiones pueden ser demasiado rígidos e inflexibles. Son leales a sus seres queridos, pero a veces son demasiado serios y necesitan relajarse un poco.

Como signo lunar, Capricornio nos enseña la importancia de la estructura y la rutina. Nos recuerda que debemos planificar, organizarnos y responsabilizarnos de nuestros actos. Con un poco de trabajo duro y dedicación, los Capricornio pueden hacer que las cosas sucedan y tener éxito.

Capricornio como signo ascendente

Como signo ascendente, Capricornio es todo orden, disciplina y organización. Los Capricornio son muy detallistas y a menudo asumen muchas responsabilidades en sus vidas. Cuando un Capricornio es su signo ascendente, es la persona que siempre toma las riendas y es el líder en cualquier situación. A este signo le encantan los buenos retos y le encanta estar al mando. Con Capricornio como signo ascendente, puede esperar una fuerte determinación y ambición a la hora de alcanzar sus objetivos. Su lucidez y sentido práctico serán su mayor activo en su lucha por el éxito. Los signos ascendentes de Capricornio son socios leales y comprometidos que siempre harán que una relación funcione.

Capricornio como signo descendente

Como descendente en Capricornio, puede que le cueste soltarse y relajarse. Será la persona que busca el equilibrio y la estabilidad en la vida, pero a veces puede sentirse abrumada. Es probable que asuma mucha responsabilidad en las relaciones y que se sienta culpable o resentido si algo no sale como desea. Con Capricornio como descendente, es importante aprender a poner límites y a ser asertivo. Este signo le enseña la importancia de la planificación y la autodisciplina, pero debe aprender a desprenderse de algunas preocupaciones y relajarse.

Capricornio, como descendente, le recuerda que debe mantenerse organizado y práctico en su enfoque de la vida y saber cuándo es el momento de dar un paso atrás y darse un respiro. Cuando se toma tiempo para descansar, se siente rejuvenecido y puede volver a enfrentarse al mundo. Además, con Capricornio como descendiente, se siente abrumado, por lo que es importante dedicar tiempo al autocuidado. Aprender a priorizar su tiempo y sus objetivos le ayudará mucho a mantenerse equilibrado y con los pies en la tierra.

Capítulo 10: Acuario y Piscis

Acuario y Piscis son los signos más misteriosos del zodíaco. Tienen una naturaleza altamente imaginativa, intuitiva y creativa que puede ser difícil de precisar. Suelen tener un enfoque único de la vida y prefieren la independencia y la autonomía a las estructuras tradicionales. Profundicemos en Acuario y Piscis para comprender mejor a las personas de estos signos.

Acuario

Acuario
Image by Dorothe from Pixabay https://pixabay.com/illustrations/star-sign-aquarius-horoscope-design-4374415/

Glifo

Acuario está representado por el glifo de una ola, que simboliza la fluidez y el flujo continuo. Este signo se asocia desde la antigüedad con el progreso intelectual, la originalidad y la innovación. Está relacionado con la justicia social y el humanitarismo, ya que los Acuario son conocidos por su generosidad y compasión hacia los demás.

Este signo está relacionado con la independencia y la autonomía. Refleja la vena rebelde que puede verse en muchos de sus representantes. La presencia del aire en el simbolismo de Acuario sugiere un espíritu creativo que valora las relaciones sólidas con los demás. Los Acuario tienen una curiosidad innata y aprecian el conocimiento, lo que los convierte en individuos muy analíticos, siempre desafiándose intelectualmente.

Los rasgos asociados a este signo incluyen una naturaleza amistosa y sociable y un fuerte sentido de la individualidad. Los Acuario son pensadores independientes, a menudo progresistas y reacios a conformarse con las normas tradicionales. Poseen un gran intelecto y tienen una forma original y creativa de ver el mundo.

Fechas

Del 20 de enero al 18 de febrero

Frase clave

"Lo sé"

Esta frase refleja la necesidad de conocimiento y comprensión de ideas complejas de los Acuario. Los Acuario tienen una perspectiva única de la vida basada en gran medida en sus amplios conocimientos. Siempre están buscando nuevas formas de ampliar sus conocimientos y mantenerse informados. Esta frase indica la capacidad de los Acuario para pensar de forma independiente y enfocar la vida desde una perspectiva creativa, sin dejar de basarse en hechos y análisis lógicos.

Acuario es uno de los signos más curiosos intelectualmente y de mente más abierta, por lo que les encanta aprender cosas nuevas y estar expuestos a nuevas perspectivas. De ahí que "lo sé" sea una frase clave que refleja con precisión el deseo de exploración intelectual de los Acuario.

Puntos fuertes
- Curiosidad
- Apertura
- Optimismo
- Imaginación
- Simpatía
- Compasión
- Diversión
- Innovación
- Generosidad
- No convencionalismo
- Originalidad
- Independencia
- Humanitarismo

Los Acuario son auténticos visionarios, exigentes y detallistas. Saben mantener la calma y la serenidad, incluso en situaciones de tensión. Son extremadamente independientes y prefieren mantenerse alejados de los focos. En cambio, trabajan entre bastidores, creando resultados tangibles que hablan por sí solos. A menudo se les considera previsores y humanitarios, buscando constantemente formas de innovar.

Los Acuario se apasionan por las causas en las que creen, lo que les convierte en personas apasionadas y amantes de la diversión. Parecen alocados, con un ingenio intelectual propio. Estas características hacen de Acuario uno de los signos más poderosos en cuanto a cooperación y resolución de problemas.

Los Acuario brillan cuando trabajan con otros. Aportan entusiasmo y creatividad a cualquier situación para derribar rápidamente las barreras entre las personas, de modo que todos puedan trabajar juntos con eficiencia y eficacia hacia objetivos comunes. Son excelentes comunicadores y pueden ser persuasivos en sus argumentos sin recurrir a tácticas agresivas.

Los Acuario parecen fríos e indiferentes al mundo, pero son bastante emocionales. Pueden ser muy sensibles y compasivos con los demás cuando se abren, lo que les convierte en grandes amigos y aliados. Los Acuario son increíblemente leales y solidarios con sus amigos, familiares y compañeros de trabajo, a los que escuchan independientemente de la situación. Son muy generosos y a menudo están dispuestos a hacer todo lo que esté en su mano para ayudar a quien lo necesite. Estas cualidades los convierten en grandes jugadores de equipo y les permiten establecer fácilmente vínculos significativos con los demás.

Puntos débiles
- Poco convencionales
- Impaciencia
- Rebeldía
- Franqueza
- Indecisión
- Desapego
- Obstinación
- Distante
- Aislamiento
- Misterio

La principal debilidad de los Acuario es que a menudo carecen de la profundidad emocional necesaria para invertir en las relaciones. Son extremadamente extrovertidos, sociables y amistosos, pero les cuesta comprender a los demás o establecer vínculos profundos con ellos. Esto provoca malentendidos y dificultades en su vida personal y profesional.

Pensativos y filosóficos, los Acuario a menudo se quedan atascados en su cabeza. A pesar de la increíble perspicacia que pueden aportar en temas difíciles, este pensamiento profundo puede llevar a muchos a cuestionarse a sí mismos y a rumiar en círculos cada pequeño detalle. A los Acuario no les gusta que la gente intente controlar o manipular sus decisiones hacia algo que no quieren hacer. Odian verse limitados por normas y reglamentos: se trata de hacer lo que les parece correcto en lugar de ajustarse a las expectativas de los demás.

Su distanciamiento emocional a veces puede ser perjudicial. Necesitan ayuda para conectar con la gente o comprender las emociones de los demás debido a su enfoque analítico. Los Acuario van demasiado lejos en su búsqueda de libertad y se aíslan de los demás en un intento de autonomía personal. Los Acuario pueden ser impredecibles en su comportamiento y respuestas, dejando a los que les rodean desconcertados por su misterio.

Molestias

La terquedad es una de las manías de Acuario; si alguien discute con ellos sobre un punto que quedó claro desde el principio, puede provocar frustración. Pueden ser intransigentes con los temas que les preocupan y a menudo se ven envueltos en acalorados debates con quienes piensan de forma diferente. A Acuario le irritan las conversaciones superficiales sin sustancia ni significado; prefiere las discusiones profundas a las charlas triviales y las bromas desenfadadas.

Acuario tiene una relación de amor-odio con el cambio: aunque lo desconocido les emociona, no les gusta alterar sus rutinas ni que les sorprendan de repente. A veces el cambio es necesario para crecer, pero si es demasiado brusco, puede hacer que Acuario se sienta abrumado.

Planeta regente

Los planetas regentes de Acuario son Saturno y Urano, lo que infunde al signo un aire de imprevisibilidad. La influencia de este dúo confiere a Acuario una mezcla única de rasgos, desde ser profundamente analítico e introspectivo hasta inventivo e independiente. Esta combinación crea un individuo con visión de futuro que valora su independencia por encima de todo.

Se trata de personas impulsadas por objetivos que se retan a sí mismas a romper con las convenciones tradicionales para alcanzar nuevas cotas que la mayoría nunca se atrevería a pisar. Estos dos planetas que montan guardia sobre el signo crean una atmósfera de exploración creativa y disposición a asumir riesgos para alcanzar el éxito. Los acuarianos hacen gala de un intelecto, un ingenio y una innovación que solo puede encontrarse en quienes están bajo la influencia de esta constelación; es algo exclusivo del signo.

Acuario como signo solar

Como signo solar, Acuario posee la fuerza de un espíritu independiente y el impulso para perseguir sus objetivos sin restricciones. Los nacidos bajo este signo son curiosos, siempre en busca de nuevas experiencias para crecer. A pesar de sus obstáculos, tienen una visión global de la vida, ya que nunca pierden de vista el objetivo general.

Su capacidad para mantener la cabeza fría y la determinación les lleva a menudo al éxito. Los acuarianos son muy inventivos y aportan un pensamiento poco convencional, que puede conducir a soluciones creativas que nadie más habría pensado. Suelen anteponer las necesidades colectivas a las propias, y siempre tienen en cuenta los sentimientos de los demás a la hora de tomar decisiones.

Como signo solar, Acuario es una energía romántica, generosa y compasiva, profundamente conectada con la amistad y lo colectivo. Con su naturaleza naturalmente empática, los Acuario siempre buscan conectar con los demás y darles una comprensión del mundo más allá de su visión del mundo. En cuanto a las relaciones entre cada uno de los doce signos zodiacales como signos solares, los Acuario pueden aportar una perspectiva única al dar una visión de las diferentes culturas, creencias e ideologías.

Cada signo tiene rasgos que se benefician de esta conexión con un acuariano; por ejemplo, Aries puede ganar empatía. Géminis podría utilizar su curiosidad para explorar nuevas formas de pensar. La capacidad de Acuario para ver las cosas objetivamente puede ayudar a Virgo y Escorpio a encontrar el equilibrio en cualquier situación. La energía de Acuario es una gran forma de sacar a relucir los mejores aspectos de cada signo y enriquecer sus vidas con nuevas perspectivas. En otras palabras, al analizar la compatibilidad de cada signo basándose en los signos solares, un Acuario puede conectarlos a todos.

Acuario como signo lunar

Como signo lunar, Acuario tiene una sensibilidad interior que suele estar más protegida. Evitan expresar emociones intensas y se centran en actividades intelectuales como la literatura, la ciencia o el arte. Esto puede parecer distanciamiento, pero no es más que su forma de protegerse emocionalmente: prefieren mantener en privado sus sentimientos más íntimos.

Los nacidos bajo la influencia de la Luna de Acuario tienen la capacidad innata de conectar profundamente con las personas, comprendiéndolas más allá de lo que se ve en la superficie. Su empatía natural les convierte en excelentes oyentes que no juzgan por muy difícil que se ponga la conversación.

La Luna de Acuario posee una profundidad mental y emocional que les permite comprender la complejidad de cada situación, lo que les da la capacidad de encontrar una solución incluso en las circunstancias más difíciles. Tienen un marcado sentido de la justicia que les impulsa a hacer lo correcto, y su pasión por ayudar a los demás no tiene parangón.

Acuario se lleva mejor con las lunas de Géminis y Sagitario. Tienen personalidades similares y una curiosidad natural por la vida, lo que crea una relación fácil entre ellos. Sin embargo, los Acuario deben tener cuidado con la sobrecarga emocional cuando tratan con las lunas de Cáncer o Piscis, ya que estos signos expresan sus sentimientos más abiertamente que otros.

Acuario como signo ascendente

Un signo ascendente de Acuario es un creador de tendencias. Tienen un enfoque innovador y único de la vida que va más allá de la corriente principal y no tienen miedo de expresarlo. Un signo ascendente Acuario puede estar seguro de que sus ideas son únicas y lo suficientemente interesantes como para llamar la atención. Esto les convierte en el catalizador social perfecto, inspirando a los demás con su visión de futuro.

Tener a Acuario como signo ascendente puede ser muy beneficioso a la hora de examinar la compatibilidad entre signos. La combinación de independencia y creatividad garantiza que las relaciones sigan siendo estimulantes, independientemente del tiempo que lleven juntos. Con un Acuario al timón, las conversaciones se convierten en animados debates sobre tendencias actuales o temas de filosofía, en lugar de repetir la misma rutina cansina.

Pero lo mejor de un ascendente Acuario es que no se rige por las normas, lo que a menudo puede parecerle excéntrico o incluso extraño. Ya se trate de elecciones de moda desenfrenadas o de un enfoque novedoso para resolver problemas, un ascendente en Acuario siempre está sobrepasando los límites y aportando nuevas ideas.

Un signo ascendente Acuario se adapta bien a los doce signos del zodíaco. Con Acuario al timón, cada signo puede encontrar formas nuevas y emocionantes de expresarse en las relaciones y en el trabajo. Por ejemplo, un Aries con Acuario como signo ascendente tendrá una mente más abierta y estará más dispuesto a probar cosas nuevas, algo por lo que Aries no siempre es conocido. Del mismo modo, un Tauro con Acuario como signo ascendente asumirá riesgos calculados y saldrá de su zona de confort en los negocios o proyectos creativos. Otros signos como Géminis, Libra y Sagitario se benefician de forma similar. Estos signos aportan un equilibrio entre intelecto y emoción, lo que los convierte en los compañeros perfectos para los ascendentes de Acuario que necesitan ambas cosas.

Acuario como signo descendente

Las personas con Acuario como signo descendente son mariposas sociales. Les encanta conocer gente diversa y mantener conversaciones interesantes, independientemente de la situación. Su naturaleza independiente les permite buscar relaciones que les proporcionen una sensación de libertad y aventura, por lo que se sienten atraídos por quienes pueden seguir su espíritu vivaz y su estilo de vida dinámico.

Este signo de aire es más compatible con Géminis, Libra, Aries y Sagitario. Con estos signos, los Acuario encuentran un equilibrio perfecto entre las conversaciones intelectuales, la libertad de expresión y la exploración creativa. Se sienten apoyados por su pareja y pueden experimentar un profundo crecimiento juntos.

Por otro lado, los Acuario experimentan tensiones cuando interactúan con Tauro, Escorpio o Capricornio, ya que a menudo quieren cosas diferentes de las relaciones.

Piscis

Piscis

Image by Dorothe from Pixabay https://pixabay.com/illustrations/star-sign-fishes-horoscope-design-4374416/

Glifo

El glifo de Piscis está representado por dos peces que nadan en direcciones opuestas, unidos por una banda. Esta banda simboliza la conexión entre Piscis y el signo precedente, Aries, que marca el comienzo de la rueda zodiacal. Los dos peces representan la transición de una etapa de la vida a otra, al tiempo que permanecemos conectados a las experiencias pasadas mientras avanzamos. El signo Piscis representa la sensibilidad, la emotividad y la compasión, esenciales para comprendernos a nosotros mismos y a los demás.

Este signo aporta una mayor conciencia de las emociones, lo que puede resultar reconfortante a la hora de afrontar situaciones difíciles. Los nacidos bajo este signo tienen una creatividad y una imaginación naturales, lo que les hace especialmente perspicaces a la hora de ver las cosas desde diferentes perspectivas. En las relaciones, aportan una profundidad emocional que ayuda a fomentar vínculos fuertes y conexiones duraderas. En última instancia, Piscis es un signo de transformación y renovación, perfecto para aquellos que buscan abrazar el cambio y encontrar nuevas formas de expresarse.

Fechas

Del 19 de febrero al 20 de marzo.

Es la época del año en la que el sol brilla con más intensidad, aportando calidez y una sensación de optimismo.

Frase clave

"Yo creo"

La frase "yo creo" se refiere a la capacidad de este signo para confiar en sus instintos y tener fe en sí mismo, incluso cuando se siente inseguro. Los Piscis son muy abiertos de mente y creen que todo es posible si seguimos buscándolo. Esta frase resume su curiosidad inagotable y su voluntad de explorar nuevos caminos e ideas.

No les asusta soñar a lo grande ni asumir riesgos: saben que todo se puede conseguir con un poco de trabajo duro y dedicación. Los Piscis valoran sus opiniones y perspectivas, se mantienen firmes en sus creencias y nunca vacilan en sus convicciones. En última instancia, esta frase representa el deseo de Piscis de crear, explorar y creer en sí mismo, independientemente de sus desafíos.

Puntos fuertes

- Versátil
- Empático
- Compasivo
- Intuitivo
- Creativo
- Imaginativo
- Generoso
- Romántico
- Soñador

- Sensible

Los Piscis son conocidos por su capacidad única de ver el mundo de otra manera. Tienen una profunda comprensión de la vida. Su naturaleza intuitiva les permite aprovechar las emociones, los sueños y la imaginación que otros no pueden. Los Piscis son unas de las personas más compasivas que jamás conocerá, siempre pendientes de los que no pueden cuidar de sí mismos. Son generosos con su tiempo y energía, y a menudo van más allá de lo que se les pide.

Si busca un romance, Piscis le conquistará con sus apasionadas relaciones llenas de intimidad y conexión. Soñadores de corazón, los Piscis nunca se cansan de explorar las profundidades de su imaginación. Desde crear soluciones creativas hasta expresarse a través del arte y la escritura, siempre buscan nuevas formas de expresarse.

Puntos débiles
- Impulsivos
- Tímidos
- Fácil de herir
- Demasiado confiado
- Tendencias escapistas
- Propenso a la depresión
- Indeciso
- Indisciplinado
- Cínicos

Los Piscis son conocidos por su naturaleza impulsiva, que puede llevarles a situaciones delicadas. Son tímidos y se sienten fácilmente heridos por las críticas o la energía negativa. Son demasiado confiados, lo que les hace vulnerables a la manipulación y la explotación. Los Piscis tienen tendencias escapistas, por lo que les resulta difícil permanecer en el momento presente. Son propensos a la depresión debido a su carácter sensible, por lo que se ven abrumados por patrones de pensamiento negativos que pueden afectar a su salud mental.

Los piscianos son increíblemente indecisos a la hora de tomar decisiones vitales esenciales, y a menudo necesitan ayuda para pensar con antelación o prever las posibles consecuencias de sus actos. Tienen problemas de autodisciplina en algunos aspectos de su vida, lo que les lleva a ser descuidados y a veces precipitados, con resultados perjudiciales. Piscis es conocido por su visión cínica de la vida. Desconfían fácilmente de las personas que les hacen demasiados cumplidos o que hacen algo agradable sin esperar nada a cambio. Esta actitud puede llevarles a alejar a posibles amigos y seres queridos, lo que les dificulta entablar relaciones significativas.

Molestias

A Piscis no le gusta nada que pueda ser demasiado estructurado o estresante. Se sienten restringidos y confinados en un entorno que carece de creatividad o espontaneidad, por lo que les resulta difícil expresarse con autenticidad.

No les gusta el ruido ni el caos y prefieren la tranquilidad y la soledad para los momentos de reflexión. Piscis no soporta la deshonestidad ni la manipulación de los demás. Tienen un fuerte sentido de la justicia y la equidad y no toleran ninguna forma de trato injusto.

Planeta regente

Piscis está regido por el planeta Neptuno, que refuerza su personalidad creativa y soñadora. Este cuerpo celeste rige la creatividad, la imaginación y la espiritualidad, inspirando a los piscianos a explorar su imaginación sin límites. Con afinidad por la ensoñación y la introspección, sienten un profundo amor por el arte y la música que resuena con su naturaleza conmovedora.

Neptuno supervisa la ilusión y el escapismo. Hace que los piscianos confíen demasiado en los demás o tengan dificultades para permanecer en el momento presente. Cuando se llevan demasiado lejos, sus tendencias escapistas pueden crear una barrera frente a la realidad y dificultarles el establecimiento de límites sanos en torno a sí mismos.

En sus mejores momentos, Neptuno añade un elemento de magia a la vida de Piscis. Pueden utilizar su poder interior y sus dones intuitivos para superar obstáculos y encontrar la verdadera satisfacción.

Piscis como signo solar

El signo solar Piscis se caracteriza por su energía soñadora e imaginativa. Los nacidos bajo este signo poseen una naturaleza intuitiva y espiritual que busca salidas creativas para expresarse. Tienen un mundo interior intenso y suelen ver las cosas desde una perspectiva diferente a la de sus compañeros. Aficionados a soñar despiertos y a evadirse, prefieren pasar tiempo a solas pensando o explorando los misterios de la vida a su manera.

Los Piscis son muy sensibles a las emociones, tanto a las suyas como a las de quienes les rodean. Esta gran sensibilidad a veces puede llevarles a situaciones difíciles si se vuelven demasiado confiados o caen presa de la manipulación. Por el contrario, cuando se utiliza de forma positiva, Piscis puede utilizar su intuición y empatía para conectar con los demás a nivel espiritual. Estas almas bondadosas están en su mejor momento cuando pueden expresar sus pasiones únicas y ayudar a los demás.

Los signos solares Piscis suelen emparejarse bien con signos de agua, como Cáncer y Escorpio, que comparten cualidades similares de sensibilidad y comprensión. La pasión por la vida y la creatividad los hacen compatibles con signos de fuego como Aries o Leo. Los signos de aire, como Libra o Acuario, pueden equilibrar las relaciones piscianas, mientras que Tauro, otro signo de tierra, aporta estabilidad. Independientemente del signo, en última instancia depende de los individuos hacer que una relación funcione, algo que los piscianos entienden mejor que la mayoría.

Piscis como signo lunar

Si Piscis es su signo lunar, el agua le gobierna y es probable que sea extremadamente sensible y soñador. Tiene una gran intuición que le guía por la vida y puede sentir cuando algo va mal antes de que ocurra. Sus emociones son muy profundas, por lo que a veces le resulta difícil expresarse. Esto le lleva a aislarse de los demás, que pueden no comprender la profundidad de lo que siente. En el mejor de los casos, Piscis como signo lunar le permite simpatizar profundamente con los demás y dedicar un tiempo generoso a ayudarles cuando lo necesitan.

Las personas con Piscis como signo lunar son más compatibles con otros Piscis, Cáncer, Escorpio, Virgo y Capricornio lunares. Los de signo lunar Virgo o Libra tienen las afinidades más estrechas, ya que pueden relacionarse y comprender sus profundidades emocionales. El signo lunar Piscis generalmente se lleva bien con cualquier otro signo, independientemente de su otro signo.

Piscis como signo ascendente

Piscis ascendente muestra compasión, bondad y sintonía con los reinos espirituales. Los nacidos con Piscis como signo ascendente tienen un aire etéreo que les hace parecer amables y a menudo soñadores. Son propensos a sentirse sensibles y fácilmente influenciables por la energía que les rodea, perdiéndose en su mundo de imaginación. Piscis ascendente es un signo muy imaginativo y creativo al que le encanta explorar todas las posibilidades.

Estas personas tienen una capacidad casi ilimitada para comprender diferentes perspectivas y puntos de vista. Pueden ser idealistas e incluso ingenuos a veces, pero esto les ayuda a ver lo que otros a menudo no ven.

Piscis es más compatible con Cáncer, Virgo y Escorpio. Los nacidos bajo estos signos resuenan profundamente con la energía intuitiva que irradian los individuos Piscis; existe un entendimiento inmediato entre ellos, incluso cuando se encuentran por primera vez. Esto crea conexiones poderosas que ponen de manifiesto sus fortalezas únicas si se cultivan correctamente.

Piscis como signo descendente

Tener a Piscis como signo descendente significa que es un individuo creativo y compasivo que siempre está buscando maneras de ayudar a los que le rodean. Tiene un sentido intuitivo para comprender a las personas, sus emociones y cómo hacer que se sientan mejor.

Los Piscis se sienten atraídos por las actividades artísticas como la pintura, la música o la escritura. Es probable que sea una persona romántica que disfruta pasando tiempo con su pareja o ser querido para hacerle sentir especial. Los signos del zodíaco más compatibles con Piscis como signo descendiente son Sagitario, Géminis, Escorpio, Cáncer y Virgo. Estos signos tienen el potencial de complementarse y crear armonía en las relaciones

Conclusión

Las personas no vienen con manuales. Nunca se sabe qué esperar de alguien hasta que se interactúa con él. Afortunadamente, la compatibilidad astrológica le permite saber de antemano si se llevará bien con alguien. Es una guía para entender su personalidad y la de los demás.

Una de las principales razones por las que la gente se interesa por la astrología son las relaciones y averiguar si son compatibles con sus parejas. El libro comienza explicando los conceptos de astrología y compatibilidad y, a continuación, explica la sinastría y su función a la hora de evaluar sus relaciones con los demás.

No se puede entender algo del todo sin conocer antes su historia, por eso hicimos un viaje en el tiempo para descubrir el significado de la compatibilidad en la astrología occidental, védica y china.

Algunas personas se muestran escépticas ante la astrología. Sin embargo, este libro desafió estos pensamientos proporcionando el estudio del psiquiatra Carl Jung sobre la sinastría y la astrología y cómo condujeron a su teoría de la sincronicidad. El libro demostró que la astrología es más que un tema entretenido; también puede ayudarle en muchas áreas de su vida. El primer capítulo terminaba con los muchos beneficios de utilizar la astrología en sus relaciones interpersonales para interactuar de forma saludable con los demás.

La mayoría de los principiantes creen que su signo zodiacal es el único determinante de su compatibilidad con los demás. Sin embargo, los signos lunar y ascendente tienen una gran importancia. En el libro se explican detalladamente los distintos signos. En primer lugar, presentamos los doce signos del zodíaco y, a continuación, explicamos cómo se manifiestan en su signo solar, lunar y ascendente. Cada signo revela un aspecto diferente de su personalidad. El libro explicaba estos aspectos y proporcionaba consejos para calcular cada signo.

En la sinastría no solo es importante su signo, sino también la posición del planeta en el momento de su nacimiento y su casa astrológica. Explicamos el papel de cada planeta, incluidos la Luna y el Sol, en la astrología y proporcionamos información y análisis detallados sobre cada uno de ellos. El libro explica las casas astrológicas y describe el significado de las casas lunares en la compatibilidad astrológica.

Puede comprender los aspectos básicos de la lectura de su carta de sinastría. El libro define el concepto de carta astral y ofrece consejos para calcularla. Presentamos instrucciones paso a paso sobre cómo leer la carta astral.

La segunda parte del libro trataba en detalle cada uno de los doce signos del zodíaco, presentando sus principales características, puntos fuertes y débiles, y otra información significativa para explorar su compatibilidad con los demás signos.

Este libro informativo responde a todas sus preguntas sobre la compatibilidad astrológica y puede servirle de guía mientras navega por el mundo de la astrología y su impacto en sus relaciones.

Vea más libros escritos por Mari Silva

Su regalo gratuito

¡Gracias por descargar este libro! Si desea aprender más acerca de varios temas de espiritualidad, entonces únase a la comunidad de Mari Silva y obtenga el MP3 de meditación guiada para despertar su tercer ojo. Este MP3 de meditación guiada está diseñado para abrir y fortalecer el tercer ojo para que pueda experimentar un estado superior de conciencia.

https://livetolearn.lpages.co/mari-silva-third-eye-meditation-mp3-spanish/

¡O escanee el código QR!

Referencias

Bennett, C. (1981). ¿Qué es la astrología? Ediciones Sun.

Brown, M. (2021, 11 de agosto). ¿Qué es la astrología? Una guía para principiantes sobre el lenguaje del cielo. InStyle. https://www.instyle.com/lifestyle/astrology/what-is-astrology

Cómo saber si es realmente compatible con alguien, según los astrólogos. (2022, 18 de abril). Mindbodygreen. https://www.mindbodygreen.com/articles/synastry

Kelly, A. (2022, 21 de septiembre). El truco para entender la compatibilidad astrológica. The Cut. https://www.thecut.com/2022/09/zodiac-sign-compatibility-meaning.html

Patz, A. (2021, 1 de septiembre). Compatibilidad zodiacal: Signos con los que se debe salir y con los que no. Reader's Digest. https://www.rd.com/list/zodiac-signs-compatibility/

SueM. (2019, 30 de mayo). Jung sobre la astrología. Centro Junguiano para las Ciencias Espirituales. https://jungiancenter.org/jung-on-astrology/

Kahn, N. (2021, 9 de febrero). Su signo descendente puede revelar Mucho sobre su vida romántica. Bustle. https://www.bustle.com/life/descendent-sign-meaning-astrology

Kelly, A. (2018, 2 de febrero). Los 12 signos del zodiaco: Fechas y rasgos de personalidad de cada signo zodiacal. Allure. https://www.allure.com/story/zodiac-sign-personality-traits-dates

Kelly, A. (2022, 30 de mayo). Signo ascendente: ¿Qué es y qué significa? The Cut. https://www.thecut.com/article/what-is-my-rising-ascendant-sign.html

Latreille, J. (2022, 15 de octubre). Lo que su signo solar en la astrología dice de usted. Yoga Journal. https://www.yogajournal.com/lifestyle/astrology/sun-sign-meaning/

Robinson, K. (2022, 26 de mayo). Descendente en astrología: Significado, signos y más. Astrology.com. https://www.astrology.com/article/descendant-astrology/

La guía total para principiantes de los 12 signos lunares del zodíaco, por astrólogos. (2022, 17 de octubre). Mindbodygreen. https://www.mindbodygreen.com/articles/moon-sign-meaning

Su signo lunar es la última pieza del rompecabezas astrológico, así que esto es lo que significa. (2021, 20 de octubre). ELLE. https://www.elle.com.au/culture/moon-sign-meaning-26111

Guía para principiantes sobre las 12 casas del horóscopo. (2020, 31 de agosto). Mindbodygreen. https://www.mindbodygreen.com/articles/the-12-houses-of-astrology

Lanyadoo, J. (2019, 19 de agosto). Esto es todo lo que necesitas saber sobre las casas de la astrología. Cosmopolitan. https://www.cosmopolitan.com/lifestyle/a28700440/astrology-houses/

Outlook Web Desk. (2021, 30 de octubre). Papel de los diferentes planetas en el horóscopo. Outlook India. https://www.outlookindia.com/website/story/role-of-different-planets-in-horoscope/399275

Planetas: Todo sobre los planetas en astrología. (s.f.). Astrosage.com. https://www.astrosage.com/planet/

Thomas, K. (2021, 5 de noviembre). Una guía de los planetas en astrología y lo que cada uno representa. New York Post. https://nypost.com/article/astrology-planets-meaning/

Barros, A. (2021, 28 de agosto). Sinastría 101: Dónde Conseguir + Cómo Leer una Carta de Sinastría (pero, como, no así, ¿ok?) — hella ✶ namaste. Hella ✶ namaste. https://www.hellanamaste.com/blog/how-to-read-a-synastry-chart

Cómo leer su carta de sinastría. (n.d.). Astro-charts.com. https://astro-charts.com/blog/2017/how-to-read-your-synastry-chart/

Quinn, S. (2017, 17 de noviembre). Los planetas en sinastría: Guía para principiantes sobre la astrología de las relaciones. Everydayhealth.com; Everyday Health. https://www.everydayhealth.com/healthy-living/planets-synastry-beginners-guide-relationship-astrology/

Steve. (2021, 27 de enero). ¡Cómo leer una carta de sinastría! Las grandes preguntas contestadas. Vekke Sind. https://vekkesind.com/how-to-read-a-synastry-chart-the-big-questions-answered/

Los AstroTwins. (2022, 8 de abril). Carta de sinastría para parejas: Compara dos cartas para hacer una "carta de relación". Astrostyle: Astrología y Horóscopos diarios, semanales y mensuales por The AstroTwins; Astrostyle por The AstroTwins.. https://astrostyle.com/astrology/synastry-relationship-chart/

Aries 101: Todo lo que necesitas saber sobre el pateador del zodíaco. (2021, 26 de marzo). Mindbodygreen. https://www.mindbodygreen.com/articles/aries-sign-101

Compatibilidad entre Aries y Tauro. (2021, 2 de octubre). GaneshaSpeaks. https://www.ganeshaspeaks.com/zodiac-signs/compatibility/aries-taurus/

Compatibilidad del signo lunar Aries. (2015, 19 de abril). Cafeastrology.com; Cafe Astrology .com. https://cafeastrology.com/moonsignariescompatibility.html

Astrology.Care - Aries Fortalezas y debilidades, amor, familia, carrera, dinero. (n.d.). Astrology.Care. http://astrology.care/aries.html

Astrology.Care - Tauro Fortalezas y Debilidades, Amor, Familia, Carrera, Dinero. (n.d.). Astrology.Care. http://astrology.care/taurus.html

AstroMundus, & Happy, happy.com. pt. (2021, 6 de marzo). Signo Descendente - ¿Qué significa para la Astrología? AstroMundus; SUEBI Digital Labs. https://astromundus.com/en/descendant-sign/

Brown, M. (2022, 31 de marzo). Los signos del zodiaco más compatibles (y más problemáticos) para un Tauro. InStyle. https://www.instyle.com/lifestyle/astrology/taurus-compatibility

Coughlin, S. (2018, 6 de noviembre). Lo que la "palabra clave" de su signo astrológico revela sobre usted. Refinery29. https://www.refinery29.com/en-us/2018/11/216100/astrology-zodiac-keywords-the-stars-within-you

Daruwala, C. B. (2021, 1 de diciembre). Fortalezas y debilidades de Tauro. Times Of India. https://timesofindia.indiatimes.com/astrology/zodiacs-astrology/taurus/strengths-and-weakness-of-taurus/articleshow/88026908.cms

Devon. (2021, 18 de junio). Todo lo que necesitas saber sobre tu signo descendente. Circo Rebelde. https://therebelcircus.com/astrology/descendantsign/

Douglas, M. (s.f.-a). Signo lunar Aries: ¿Qué significa? Prepscholar.com. https://blog.prepscholar.com/aries-moon-sign

Douglas, M. (s.f.-b). El signo lunar de Tauro: Lo que significa para usted. Prepscholar.com. https://blog.prepscholar.com/taurus-moon-sign

Todo lo que debe saber sobre Tauro, el signo del zodíaco obstinado pero amante. (2021, 4 de mayo). Mindbodygreen. https://www.mindbodygreen.com/articles/taurus-101-personality-traits-compatability-and-more

Hutter, J. (2022a, 6 de diciembre). Las 15 debilidades más comunes de Aries. So Syncd - Personality Dating; So Syncd. https://www.sosyncd.com/15-most-common-aries-weaknesses/

Hutter, J. (2022b, 17 de diciembre). 14 puntos fuertes y débiles del signo zodiacal Tauro. So Syncd - Personality Dating; So Syncd. https://www.sosyncd.com/14-strengths-weaknesses-of-the-taurus-zodiac-sign/

Ibeh, C. (2020, 2 de octubre). Símbolo de Tauro: Signo del zodiaco glifos y significados. YourTango. https://www.yourtango.com/2020337344/taurus-symbol-zodiac-sign-glyphs-meanings

Jessica. (2022, 19 de agosto). Descendiente de Aries: Rasgos de personalidad y compatibilidad. Symbolism & Metaphor. https://symbolismandmetaphor.com/aries-descendant/

Kahn, N. (2020, 29 de julio). El planeta regente de su signo zodiacal significado en la astrología. Bustle. https://www.bustle.com/life/ruling-planet-zodiac-sign-meaning-astrology

Kahn, N. (2021a, 10 de agosto). Por qué los Aries son los líderes naturales del zodiaco. Bustle. https://www.bustle.com/life/aries-zodiac-biggest-strengths-astrologer

Kahn, N. (2021b, 31 de agosto). Por qué Tauro es uno de los signos más leales del zodiaco. Bustle. https://www.bustle.com/life/taurus-zodiac-biggest-strengths-astrologer

Kelly, A. (2018, 2 de febrero). Los 12 signos del zodiaco: Fechas y rasgos de personalidad de cada signo zodiacal. Allure. https://www.allure.com/story/zodiac-sign-personality-traits-dates

Marz5SOS. (s.f.). Las frases clave de los signos. Wattpad.com. https://www.wattpad.com/148780202-zodiac-signs-the-signs-key-phrases

Newhouse, E. (2019, 12 de noviembre). Una guía completa de los signos ascendentes y lo que realmente significan. Allure. https://www.allure.com/story/rising-sign-personality-traits-astrology-ascendant-signs

Núñez, A. T. (2022, 6 de agosto). Cómo afecta su signo ascendente a sus relaciones. YourTango. https://www.yourtango.com/zodiac/rising-sign-compatibility

Perkins, C. (2020, 13 de mayo). Aquí tiene su mayor manía, según su signo del zodiaco. Yahoo Life. https://www.yahoo.com/lifestyle/2020-05-13-heres-your-biggest-pet-peeve-according-to-your-zodiac-sign-24292858.html

Rose, K. (2020, 22 de agosto). ¿Qué significa el símbolo y el glifo de Aries? YourTango. https://www.yourtango.com/2020336399/aries-symbol-zodiac-sign-glyphs-meanings

Ross, H., Clarke, J., Young, E., & Bishop, K. (2018, 18 de diciembre). ¿Cuál es mi planeta regente, según el zodiaco, y qué significa para mí?

Stardust, L. (2022a, 18 de febrero). Su guía de compatibilidad de signos lunares. Cosmopolitan. https://www.cosmopolitan.com/sex-love/a39139470/moon-sign-compatibility/

Stardust, L. (2022b, 5 de abril). Aries signo solar: Rasgos de personalidad, compatibilidad amorosa y más. HOY. https://www.today.com/life/astrology/aries-traits-personality-rcna22002

Stardust, L. (2022c, 15 de abril). Tauro signo solar: Rasgos de personalidad, compatibilidad amorosa y más. HOY. https://www.today.com/life/astrology/taurus-traits-personality-rcna24594

Steber, C. (2019, 23 de julio). Su mayor manía, basada en su signo zodiacal. Bustle. https://www.bustle.com/p/your-biggest-pet-peeve-based-on-your-zodiac-sign-18208104

Stewart, A. (2022, 6 de febrero). Qué planetas rigen cada signo del zodiaco? POPSUGAR. https://www.popsugar.com/smart-living/what-planet-rules-each-zodiac-sign-48699351

Ascendente Tauro. (2023, 4 de enero). Astroyogi. https://www.astroyogi.com/kundli/ascendant/taurus

Compatibilidad del signo lunar tauro. (2015, 14 de abril). Cafeastrology.com; Cafe Astrology.com. https://cafeastrology.com/moonsigntauruscompatibility.html

Compatibilidad de signos solares de Tauro. (2015, 13 de abril). Cafeastrology.com; Cafe Astrology.com. https://cafeastrology.com/taurussunsigncompatibility.html

The AstroTwins. (2016, 18 de agosto). Símbolo de Aries y glifo de signo astrológico. Astrostyle: Astrología y horóscopos diarios, semanales y mensuales por Los AstroTwins. ; Astrostyle by the AstroTwins. https://astrostyle.com/astrology/aries-symbol/

The AstroTwins (2022, 30 de marzo). El descendente en astrología: Su "personalidad" en las relaciones. Astrostyle: Astrología y Horóscopos diarios, semanales y mensuales por The AstroTwins; Astrostyle by the AstroTwins. https://astrostyle.com/astrology/the-descendant/

El Grimorio Pagano. (2021, 29 de junio). El símbolo de Tauro y su significado en astrología. El Grimorio Pagano. https://www.pagangrimoire.com/taurus-symbol/

El símbolo del signo zodiacal Aries: personalidad, fortalezas, debilidades. (2018, 5 de febrero). Labyrinthos. https://labyrinthos.co/blogs/astrology-horoscope-zodiac-signs/the-zodiac-sign-aries-symbol-personality-strengths-weaknesses

El signo zodiacal Tauro símbolo - personalidad, fortalezas, debilidades. (2018, 5 de febrero). Labyrinthos. https://labyrinthos.co/blogs/astrology-horoscope-zodiac-signs/the-zodiac-sign-taurus-symbol-personality-strengths-weaknesses

Wright, J. (2022, 19 de abril). Compatibilidad con Aries: Las mejores y peores parejas del zodiaco. PureWow. https://www.purewow.com/wellness/aries-compatibility

(Sin fecha). Symbolspy.com. https://www.symbolspy.com/zodiac-symbols-text.html

AstroMundus, & Happy, happy.com. pt. (2021, 6 de marzo). Signo Descendente - ¿Qué significa para la Astrología? AstroMundus; SUEBI Digital Labs. https://astromundus.com/en/descendant-sign/

Brown, M. (2020, 17 de abril). Su guía del signo zodiacal Géminis: Todo lo que hay que saber sobre el curioso signo de aire. InStyle. https://www.instyle.com/lifestyle/gemini-zodiac-sign

Brown, M. (2021, 3 de junio). Los signos del zodiaco más compatibles -y más problemáticos- para un Cáncer. InStyle. https://www.instyle.com/lifestyle/astrology/cancer-compatibility

Compatibilidad del signo lunar de Cáncer. (2015, 19 de abril). Cafeastrology.com; Cafe Astrology .com. https://cafeastrology.com/moonsigncancercompatibility.html

Coughlin, S. (2018, 6 de noviembre). Lo que la "palabra clave" de su signo astrológico revela sobre usted. Refinery29. https://www.refinery29.com/en-us/2018/11/216100/astrology-zodiac-keywords-the-stars-within-you

Daruwalla, C. B. (2022a, 19 de mayo). Géminis: Fortalezas y debilidades. Times Of India. https://timesofindia.indiatimes.com/astrology/zodiacs-astrology/gemini/gemini-strengths-and-weaknesses/articleshow/91663530.cms

Daruwalla, C. B. (2022b, 24 de junio). Géminis compatibilidad con Cáncer. Times Of India. https://timesofindia.indiatimes.com/astrology/zodiacs-astrology/gemini/gemini-compatibility-with-cancer/articleshow/92429172.cms

Daruwalla, C. B. (2022c, 29 de agosto). Cáncer: Fortalezas y debilidades. Times Of India. https://timesofindia.indiatimes.com/astrology/zodiacs-astrology/cancer/cancer-strengths-and-weaknesses/articleshow/93857148.cms

Douglas, M. (s.f.). Géminis signo lunar: ¿Qué significa? Prepscholar.com. https://blog.prepscholar.com/gemini-moon-sign

Fellizar, K. (2021, 5 de abril). Compatibilidad de los signos de Géminis y Cáncer, según los astrólogos. Bustle. https://www.bustle.com/life/gemini-cancer-zodiac-sign-compatibility-astrologers-love

Signo zodiacal de Géminis: Símbolos y datos. (2019, 9 de junio). Cafeastrology.com; Cafe Astrology .com. https://cafeastrology.com/gemini-symbols.html

Hatch, M. (2021, 10 de marzo). El significado del símbolo de Géminis y el glifo del signo zodiacal. YourTango. https://www.yourtango.com/2020337317/gemini-symbol-zodiac-sign-glyphs-meanings

Holmes, M. (2021a, 7 de abril). Todo lo que necesita saber sobre las auroras de Géminis. Cosmopolitan. https://www.cosmopolitan.com/lifestyle/a36041364/rising-gemini/

Holmes, M. (2021b, 27 de abril). Esto es lo que un ascendente en Cáncer es *realmente*. Cosmopolitan. https://www.cosmopolitan.com/lifestyle/a36269056/cancer-rising/

Hutter, J. (2022a, 17 de diciembre). 14 puntos fuertes y débiles del signo zodiacal Cáncer. So Syncd - Personality Dating; So Syncd. https://www.sosyncd.com/14-strengths-weaknesses-of-the-cancer-zodiac-sign/

Hutter, J. (2022b, 18 de diciembre). 14 puntos fuertes y débiles del signo zodiacal Géminis. So Syncd - Personality Dating; So Syncd. https://www.sosyncd.com/14-strengths-weaknesses-of-the-gemini-zodiac-sign/

Kahn, N. (2021a, 8 de septiembre). Por qué los géminis son los grandes comunicadores del zodiaco. Bustle. https://www.bustle.com/life/gemini-zodiac-signs-biggest-strengths-astrologer

Kahn, N. (2021b, 27 de octubre). Los mayores puntos fuertes de los signos zodiacales de Cáncer, según un astrólogo. Bustle. https://www.bustle.com/life/cancer-zodiac-sign-biggest-strengths-astrologer

Marz5SOS. (s.f.). Las frases clave de los signos. Wattpad.com. https://www.wattpad.com/148780202-zodiac-signs-the-signs-key-phrases

Conoce a Cáncer: El nutritivo y emocional signo de agua del zodiaco. (2021, 22 de junio). Mindbodygreen. https://www.mindbodygreen.com/articles/cancer-sign-101

Miller, K., Levitan, H., & Inks, L. (2018, 16 de marzo). Qué dice su signo lunar sobre su personalidad y cómo encontrar el suyo, según los astrólogos. Women's Health. https://www.womenshealthmag.com/life/g19448039/what-is-my-moon-sign/

Montúfar, N. (2022a, 16 de mayo). Si su signo lunar es Géminis, esto es lo que la astrología dice de usted. Cosmopolitan. https://www.cosmopolitan.com/lifestyle/a40010835/gemini-moon-meaning/

Montúfar, N. (2022b, 20 de mayo). Si su signo lunar es Cáncer, esto es lo que la astrología dice de usted. Cosmopolitan. https://www.cosmopolitan.com/lifestyle/a40061764/cancer-moon-meaning/

Muñiz, H. (s.f.). Los 7 rasgos fundamentales de Cáncer y lo que significan para usted. Prepscholar.com. https://blog.prepscholar.com/cancer-traits-personality

Núñez, A. T. (2022, 26 de agosto). Lo que su signo descendente revela sobre usted (y su alma gemela). YourTango. https://www.yourtango.com/zodiac/descendant-sign

Ross, H., Clarke, J., Young, E., & Bishop, K. (2018, 18 de diciembre). ¿Cuál es mi planeta regente, según el zodiaco, y qué significa para mí?

Seigel, D. (s.f.). Los 7 rasgos fundamentales de Géminis, explicados. Prepscholar.com. https://blog.prepscholar.com/gemini-traits

Sharma, B. (s.f.). Ascendente Cáncer: Conozca sus características y compatibilidad. Sunnyastrologer.com. https://sunnyastrologer.com/blog/cancer-ascendant

Stardust, L. (2022a, 6 de mayo). Signo solar de Géminis: Rasgos de personalidad, compatibilidad amorosa y más. TODAY. https://www.today.com/life/astrology/gemini-traits-personality-rcna27515

Stardust, L. (2022b, 13 de junio). Signo solar de Cáncer: Rasgos de personalidad, compatibilidad amorosa y más. TODAY. https://www.today.com/life/astrology/cancer-traits-personality-rcna33170

stargazer. (2021, 11 de marzo). Descendente en Géminis significado: Su relación perfecta. Astrology. https://advanced-astrology.com/descendant-in-gemini/

Steber, C. (2019, 23 de julio). Su mayor molestia, según su signo del zodiaco. Bustle. https://www.bustle.com/p/your-biggest-pet-peeve-based-on-your-zodiac-sign-18208104

Tenorio, I. (2020, 10 de octubre). Símbolo de Cáncer: Signo del zodiaco glifos y significados. YourTango. https://www.yourtango.com/2020337440/cancer-symbol-zodiac-sign-glyphs-meanings

The AstroTwins. (2016a, 13 de septiembre). Símbolo de cáncer y glifo de signo astrológico. Astrostyle: Astrología y horóscopos diarios, semanales y mensuales de The AstroTwins; Astrostyle por AstroTwins. https://astrostyle.com/astrology/cancer-symbol/

The AstroTwins. (2016b, 13 de septiembre). Símbolo de Géminis y glifo del signo astrológico. Astrostyle: Astrología y horóscopos diarios, semanales y mensuales de The AstroTwins; Astrostyle por AstroTwins. https://astrostyle.com/astrology/gemini-symbol/

El símbolo del signo zodiacal Cáncer - personalidad, fortalezas, debilidades. (2018, 2 de febrero). Labyrinthos. https://labyrinthos.co/blogs/astrology-horoscope-zodiac-signs/the-zodiac-sign-cancer-symbol-personality-strengths-weaknesses

El signo del zodiaco Géminis símbolo - personalidad, fortalezas, debilidades. (2018, 5 de febrero). Labyrinthos.

https://labyrinthos.co/blogs/astrology-horoscope-zodiac-signs/the-zodiac-sign-gemini-symbol-personality-strengths-weaknesses

Trivedi, Y. (2021, 30 de julio). Una guía completa sobre ascendente Géminis, ascendente Géminis: Averigüe cómo es un ascendente Géminis, Ascendente Géminis en el amor y el matrimonio. EAstroHelp. https://www.eastrohelp.com/blog/gemini-ascendant-traits/

(s.f.). Symbolspy.com. https://www.symbolspy.com/zodiac-symbols-text.html

Astrologers, O. (s.f.). Leo Signo del Zodiaco: Horóscopo, fechas, rasgos y personalidad. Zodiacsign.com. https://www.zodiacsign.com/zodiac-signs/leo/

Astrology, T. O. I. (2021, 5 de julio). Rasgos de personalidad de Leo: Todos los secretos que necesitas saber. Times Of India. https://timesofindia.indiatimes.com/astrology/zodiacs-astrology/leo-personality-traits-all-the-secrets-you-need-to-know/articleshow/84131853.cms

Co – star: Horóscopos hiperpersonalizados y en tiempo real. (s.f.). Costarastrology.com. https://www.costarastrology.com/zodiac-signs/leo-sign

Kaufman, A. (2022, 20 de octubre). "Los perfeccionistas del Zodiaco". Lo que hay que saber sobre los rasgos de personalidad de los signos de Virgo. USA Today. https://www.usatoday.com/story/life/2022/10/20/virgo-zodiac-sign-key-personality-traits-dates/10485480002/

Kelly, A. (2018a, 2 de febrero). La personalidad de un Leo, explicada. Allure. https://www.allure.com/story/leo-zodiac-sign-personality-traits

Kelly, A. (2018b, 2 de febrero). La personalidad de un Virgo, explicada. Allure. https://www.allure.com/story/virgo-zodiac-sign-personality-traits

Ward, K. (2019, 20 de mayo). Rasgos y personalidad de Virgo explicados. Cosmopolitan. https://www.cosmopolitan.com/uk/horoscopes/a28685194/virgo-traits/

Brown, M. (2020, 30 de junio). Guía del signo zodiacal Libra: Aprenda sobre los sociales signos de aire. InStyle. https://www.instyle.com/lifestyle/libra-zodiac-sign

Co – star: Horóscopos hiperpersonalizados y en tiempo real. (s.f.). Costarastrology.com. https://www.costarastrology.com/zodiac-signs/libra-sign

Kelly, A. (2018a, 2 de febrero). Libra signo del zodiaco: Rasgos de personalidad y fechas del signo. Allure. https://www.allure.com/story/libra-zodiac-sign-personality-traits

Kelly, A. (2018b, 2 de febrero). Escorpio signo del zodiaco: Rasgos de personalidad y fechas del signo. Allure. https://www.allure.com/story/scorpio-zodiac-sign-personality-traits

Longacre, C. (s.f.). Signo del zodiaco Escorpio. Almanac.com. https://www.almanac.com/content/scorpio-zodiac-sign

Editores de la Enciclopedia Británica. (2022). Libra. En Enciclopedia Británica.

Ward, K. (2019, 20 de mayo). Rasgos y personalidad de Virgo explicados. Cosmopolitan. https://www.cosmopolitan.com/uk/horoscopes/a28685194/virgo-traits/

(S.f.). Lifestyleasia.com. https://www.lifestyleasia.com/ind/astrology/zodiacs/scorpio-zodiac-sign-personality-traits-and-more/

Quinn, S. (2017, 15 de noviembre). El significado del signo ascendente en su carta natal. Everydayhealth.com; Everyday Health. https://www.everydayhealth.com/healthy-living/significance-rising-sign-your-birth-chart/

Miller, K., Levitan, H., & Inks, L. (2018, 16 de marzo). Qué dice su signo lunar sobre su personalidad y cómo encontrar el tuyo, según los astrólogos. Women's Health. https://www.womenshealthmag.com/life/g19448039/what-is-my-moon-sign/

Nunez, A. T. (2022, 26 de agosto). Lo que su signo descendente revela sobre usted (y su alma gemela). YourTango. https://www.yourtango.com/zodiac/descendant-sign

Ross, H., Clarke, J., Young, E., & Bishop, K. (2018, 18 de diciembre). Cuál es su planeta regente, según el zodiaco, y qué significa para usted?

AstroMundus, & Happy, happy.com. pt. (2021, 6 de marzo). Signo descendente - ¿Qué significa para la astrología? AstroMundus; SUEBI Digital Labs. https://astromundus.com/en/descendant-sign/

Todo lo que necesita saber sobre el signo más ecléctico del zodiaco. (2022, 17 de enero). Mindbodygreen. https://www.mindbodygreen.com/articles/aquarius

Kelly, A. (2018, 2 de febrero). Piscis signo del zodiaco: Rasgos de personalidad y fechas del signo. Allure. https://www.allure.com/story/pisces-zodiac-sign-personality-traits

Conozca a Piscis: El psíquico del zodiaco que fluye con la corriente. (2021, 12 de marzo). Mindbodygreen. https://www.mindbodygreen.com/articles/pisces-sign-101

Quinn, S. (2017, 15 de noviembre). El significado del signo ascendente en su carta natal. Everydayhealth.com; Everyday Health. https://www.everydayhealth.com/healthy-living/significance-rising-sign-your-birth-chart/

Robinson, A. (s.f.). Compatibilidad con Acuario: ¿Qué signo es el más compatible? Prepscholar.com. https://blog.prepscholar.com/aquarius-compatibility-signs

Stardust, L. (2022a, 22 de febrero). Guía detallada del signo zodiacal Acuario. Shape. https://www.shape.com/lifestyle/mind-and-body/astrology/aquarius-zodiac-sign

Stardust, L. (2022b, 24 de febrero). Guía detallada del signo zodiacal Piscis. Shape. https://www.shape.com/lifestyle/mind-and-body/astrology/pisces-zodiac-sign

www.ingramcontent.com/pod-product-compliance
Lightning Source LLC
Chambersburg PA
CBHW051850160426
43209CB00006B/1244